上司は「信頼力」が9割

イマドキ社員のやる気を引き出す声かけ術

片島尚幸
Naoyuki Katashima

産業能率大学出版部

はじめに

本書は「イマドキ社員のやる気を引き出す褒め方や、声かけができないと悩んでいるリーダー向けの本」です。

イマドキ社員とは、Ｚ世代を中心とした20代前半から中堅層に当たる30代前半までの社員を指します。「Ｚ世代」は１９９７年頃～２０１２年頃に生まれた世代とされ、このほかにも「ミレニアル世代（１９８０年代～１９９０年代前半に生まれた世代）」や「ゆとり世代（１９８７年～２００４年に生まれた世代）」などがありますね。

世代でまとめてその特徴を言い表すように、同じ世代の人々は皆同じ価値観や特徴を持っているかのように語られがちです。確かに、同じ時代に生まれ育った世代には共通項があるものです。労働環境も、世の中の変化に応じて法律が変わったり働き方が変わったりしてきました。こうした背景から、世代ごとに考え方や価値観が違う面があるのも事実でしょう。

本書では、「やる気を引き出す」とは「相手が、自らそのことについて前向きに、積極的に取り組みたいと思う気持ちを起こすようにアプローチすること」と定義します。

類書では、さまざまな褒め方や声のかけ方が語られています。しかし「褒め方」や「声のかけ方」を変えるだけでは、問題は解決しません。なぜなら、上司が相手を目の前にしても、褒める要素を見つけられないからです。分かりやすい「褒めポイント」がないため、上司は部下を褒めたくても、また仮に褒める方法を学んでも、褒めることができません。同様に、どのように声をかけると部下のやる気を引き出せるのか分からず、悩んでいます。

世代に関係なく、いつの時代でもリーダーの悩みは変わりません。私は研修を通じて、多くのリーダーたちの話を耳にしますが、聞こえてくる悩みや困り事には共通点があります。

〔Aさん〕
・人に仕事を任せることが苦手で、自分でやってしまう。
・話しやすい部下とだけ話してしまう。

〔Bさん〕

・仕事の割り振りをする際、仕事のできる部下にばかり依頼してしまう。
・自分で仕事をやってしまうことが多く、部下の仕事の幅を広げることができない。
・新人と会話をする頻度が少ない。
・指示を出した際、「私にはできません」、「それは私の仕事ですか？」と言われると言葉に詰まり、相手を説得できない。

〔Cさん〕
・部署のメンバーが１人退職したため、質の高い細かなフォローができていない。
・社内のクレームや陰口への注意の仕方が分からない。

〔Dさん〕
・新人に仕事を教える際、育成の観点から、どこまで教えていいのか悩んでいる。
・メンバーのモチベーションを上げるために、何から行動すればよいのか悩んでいる。

〔Eさん〕
・仕事への取り組み方や価値観が違う部下への対応方法が分からない。

・部下の褒め方が分からない。

この本では、イマドキ社員におおよそ共通する特徴や価値観を前提として、リーダーがイマドキ社員のやる気を引き出すための声かけの方法を具体的に述べていきます。イマドキ社員だけでなく、どの世代のメンバーに対しても通じる内容となっています。

人は、やる気を出さない限り、保有している能力は顕在化しません。顕在化しなければ、結局、仕事の目標達成や自身の成長もあり得ません。

しかし、本来、他者が誰かのやる気を引き出すことは難しいのです。やる気を出すか出さないかは本人の課題だからです。

とはいえ、組織のリーダーとしては、そうは言っていられません。リーダーは部下が自らやる気を出して、能力を最大限に発揮するためのサポートをしなければならないのです。そのための方法はいろいろありますが、実務も多く忙しい管理・監督職であるリーダーには、そうした策をあれこれ試す時間的な余裕はありません。

では、あまり労力をかけずに部下がやる気を出してくれる方法はあるのでしょうか？　それは、褒めることを含めた部下への「声かけ」です。

Ｚ世代をはじめとするイマドキ社員は、旧世代とは異なる価値観や意識を持っています。リーダーは、自分たちが育ってきた経験や価値観をもとに声かけをしますが、それでは彼らの心には届きません。事前に、彼らの価値観や考え方をよく理解した上で、声かけを行う必要があるのです。

しかし、イマドキ社員はひとくくりにはできません。彼らは多様で、１人ひとり違う人間だからです。イマドキ社員の概要を捉えた上で声かけをしたものの、相手の性格などによっては響かないケースもあるということを念頭に置いておいてください。

また、声かけをする前に最も大切なことがあります。それは、**リーダーが、イマドキ社員や部下から信頼されていなければならない**ということです。声かけの具体的な方法を理解して実践することができたとしても、リーダーがメンバーから信頼されていないと効果は期待できません。つまり、イマドキ社員や部下のやる気を引き出すために必要なことの９割は、**上司の「信頼力」**にかかっていると言えるでしょう。

そのため、本書では信頼されるための具体的な行動も提示していきます。リーダーの皆さんに信頼力を高める努力を続けていただきながら、メンバーがやる気を出してくれる褒め方や声かけの方法を解説していきましょう。

第1章「『イマドキ社員』を知る」は、労働環境の変化や各種労働関連法に関する内容です。そうした変化の影響を受けて育ったZ世代をはじめとするイマドキ社員の特徴・価値観への理解を深めます。

第2章「こんなに違う！　イマドキ社員への声かけ法」では、イマドキ社員が持つ価値観や特徴を踏まえて、以前（20～30年前）の若手社員と現在の若手社員への声かけ法を比較します。

第3章「失敗事例に学ぶ　イマドキ社員のマネジメント」では、イマドキ社員のやる気を引き出そうとした結果を把握する方法や、彼らの価値観を考慮することなく、従来の価値観でマネジメントを行って失敗した事例とその理由を述べています。

第4章「『この人についていこう』と思わせる信頼力」では、リーダーがメンバーから信頼されるようになるための方法を解説します。真のリーダーや信頼力の意味や構造を説明し、その中の「人格編」に絞って、信頼される具体的行動を提示しています。

第5章「イマドキ社員のやる気を引き出す」では、やる気の重要性や部下がやる気を下げる理由、やる気を引き出す方法などを述べています。同時に、リーダー自身がやる気を維持していることが大前提なので、その事例などを紹介しています。そして、よかれと思って褒めていることや身に付けてほしいイマドキ社員のやる気を引き出す褒め方5つを説明しています。

第6章「今日から使える！ 場面ごとの声かけフレーズ集」では、声かけの方針ややる気を引き出す声かけのポイント、そして、場面ごとの声かけフレーズを紹介しています。

紙面の関係で、やる気を引き出す褒め方・声かけ例などが不足しているところは、ぜひ類書で補っていただければ幸いです。

目　次

第2章 こんなに違う！ イマドキ社員への声かけ法――37

第3章 失敗事例に学ぶ イマドキ社員のマネジメント――61

第6章 今日から使える！ 場面ごとの声かけフレーズ集 —— 205

第１章

「イマドキ社員」を知る

イマドキ社員の「考え方や価値観」の背景を知る

いつの時代でも、職場リーダーの皆さんから「イマドキの若者は何を考えているのか分からない」という声を耳にします。リーダーの皆さんが20代に過ごした時代と、20～30年後の今の時代では、世の中は激しく変化しています。そのため、過去の自分の経験や考え方・価値観とイマドキ社員のそれらが大きく変わっているのは当然のこと。その結果、冒頭のような言葉が発せられるのです。

しかし、「何を考えているのか分からない」で済ませてしまうと、リーダーとイマドキ社員との間に齟齬《そご》が生じてしまいます。そして、お互い理解し合えない状態が続き、イマドキ社員の言動に疑問が湧いてくるのです。

「まだ仕事が残っているのに、いつもAさんは終業時間になると退勤してしまう。われわれが若い頃は残業もいとわず、仕事をやり終えてから家路についたのに……。仕事をやり残して帰ろうものなら、上司や先輩からこっぴどく叱られたなあ」

「Bさんがミスをしたので叱ったところ、翌日欠勤してしまった。そんなことで休むなんて……」

「会議中、すぐに居眠りをしてしまうCさん。私が若い頃はどんなに眠くても必死に耐えたのに……」

「SNSを利用して遅刻の連絡をしてくるのはいかがなものか？　事前に電話で連絡を入れるのが仕事の常識ではないだろうか？」

しかし、「イマドキ社員のことが分からない」と嘆いてばかりいては、溝は深まるばかりです。まずはリーダーの皆さんの方から、お互いの世代間ギャップを解消するための歩み寄りが求められます。リーダー自身がイマドキ社員の行動や考え方・価値観についてよく理解し、認めた上で、マネジメントしなければならないのです。

そこで第1章では、イマドキ社員の考え方や価値観の背景について理解を深めていきましょう。リーダーの皆さんが20代を過ごした時代と現在では、社会環境や労働環境はどのように変化したのでしょうか。労働関連法の改正にも触れながら紹介していきます。

1．社会環境の変化

出生率・出生数・婚姻数の低下

もう何年も前から警告され続けている日本の「少子高齢化」。国も対策をしているものの一向に改善の兆しが見えず、日本の出生率は２０１６年から低下が続いています。

２０２３年度の合計特殊出生率（女性が生涯に産む子どもの数の推計）は、過去最低を更新し1・20でした。人口の維持に必要とされる2・07を下回ると、将来的な人口減少につながります。日本の合計特殊出生率は、１９７０年代前半には2・00を上回っていました

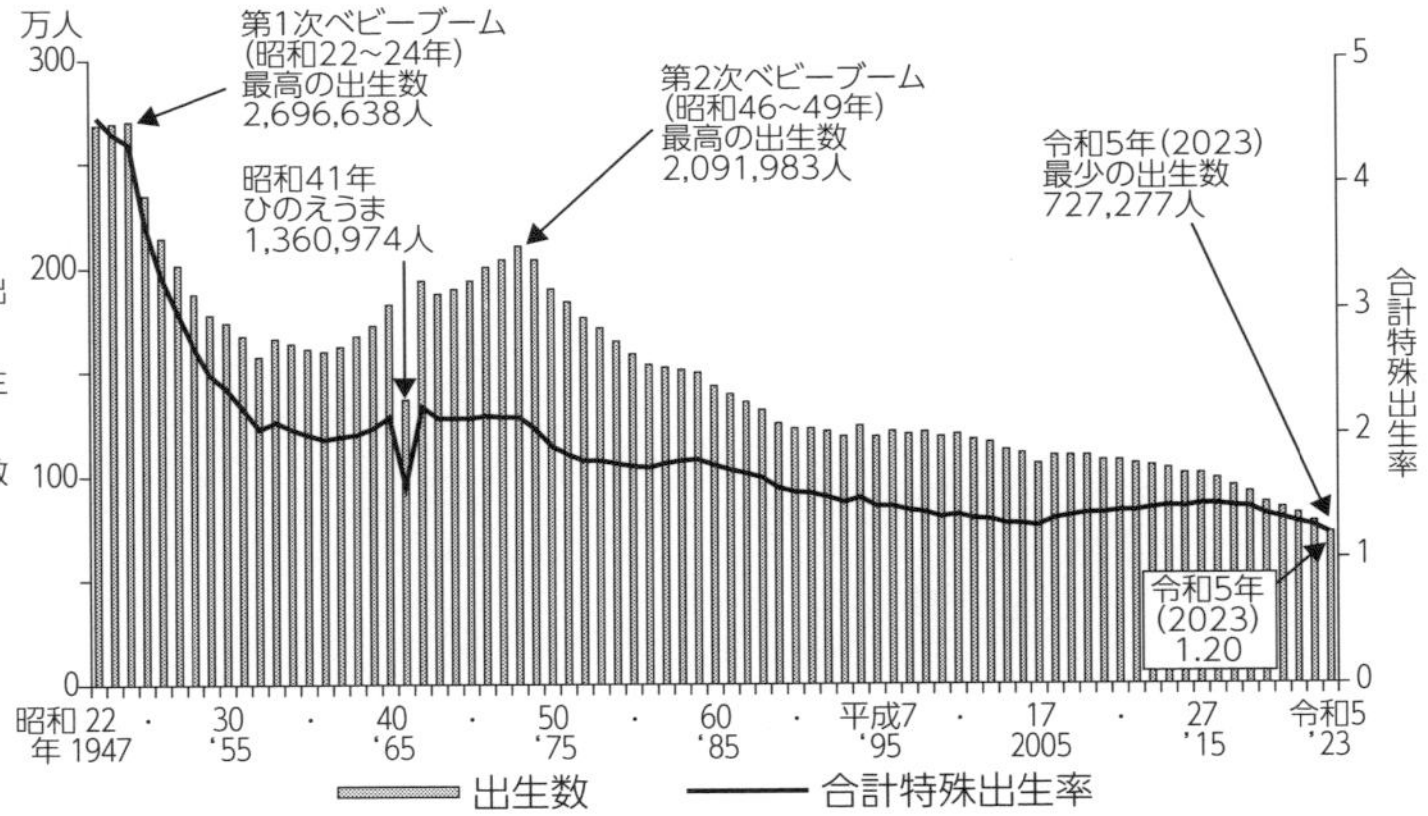

出典：厚生労働省「令和５年（2023）人口動態統計月報年計（概数）の概況」

図 1-1　出生数および合計特殊出生率の年次推移

が、その後は一貫して低下傾向が続いています。２００５年に1・26まで落ち込んだ後、一時的に持ち直しの動きもありましたが、近年また低下基調が続いています。

また、２０２３年度の出生数や婚姻数も戦後最少でした。出生数は72万７２７７人で、前年から5・8％減少しました。減少ペースは想定より速く、この傾向が続くと出生数は２０３５年にも50万人を割ると推測されています。結婚適齢期の人口が急激に減少する「２０３０年の壁」を超えると、出生数の反転は難しくなります。

出生率低下の主な原因としては、晩婚化や未婚化の進行、経済的不安、育児と仕事の両立の難しさ、子育て費用の負担増などが指摘されています。

超高齢化社会の到来と現役世代の負担増

出生率が下がった反面、平均寿命は延びています。まもなく国民の４人に1人が75歳以上になる「２０２５年問題」といわれる超高齢化社会を迎えます。２０２３年の日本人の平均寿命は、男性８1・０９歳、女性８７・1４歳です。新型コロナウイルス感染症が原因で亡くなった人が減少したことから、いずれも3年ぶりに前の年を上回りました。

２０２５年には、Ｚ世代の祖父母に当たる団塊の世代が75歳以上の後期高齢者となります。医療や介護などの社会保障費が増大し、ますます現役世代の負担が増します。

SNSの普及

SNS（ソーシャル・ネットワーキング・サービス）の普及は、現代社会に大きな影響を与えています。主な影響を挙げてみましょう。

・コミュニケーション手段の変化

SNSによって個人間のリアルタイムなコミュニケーションが可能になり、対面に頼らない新しいコミュニケーション手段が確立されま

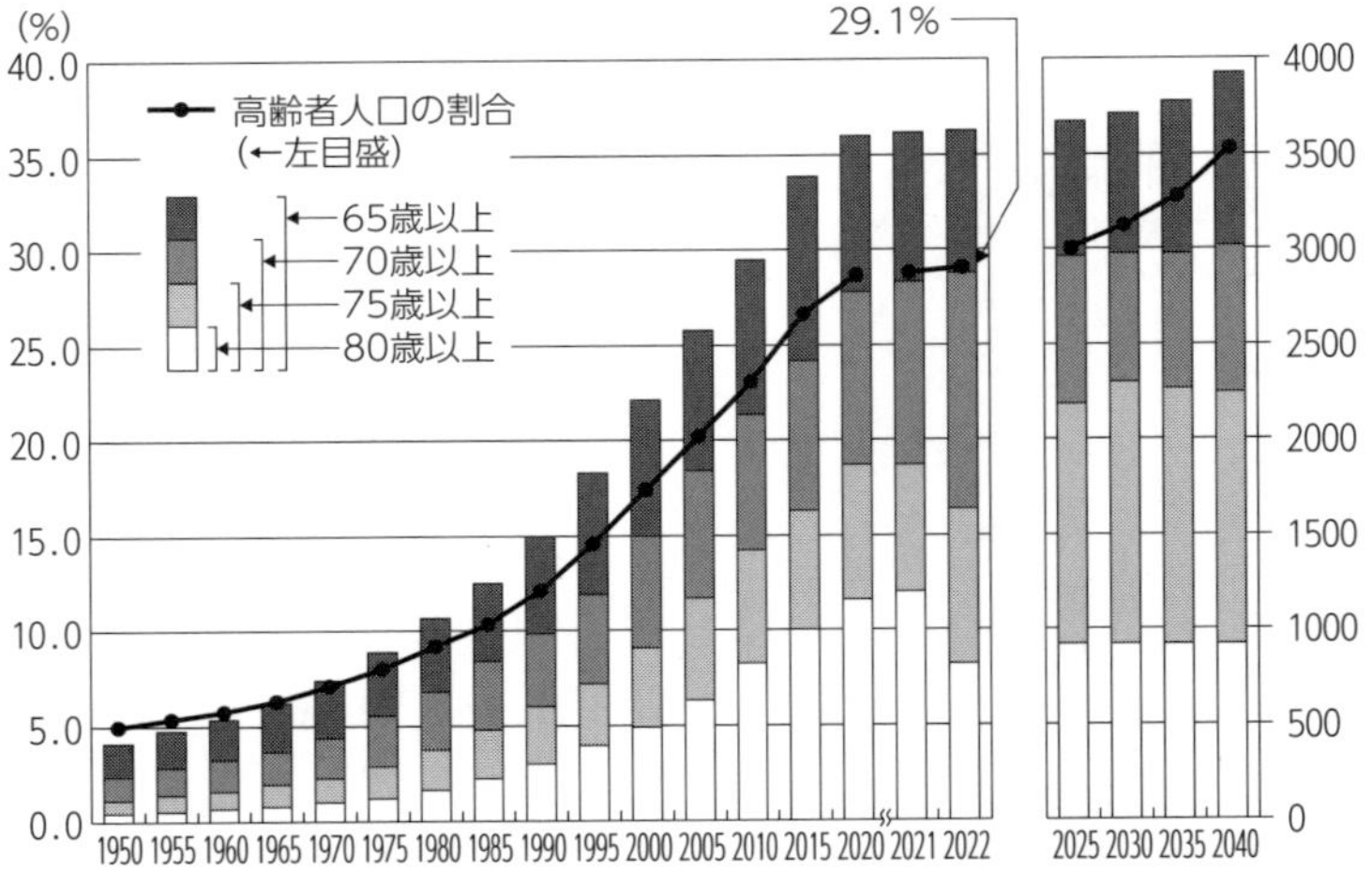

出典：総務省統計局

図 1-2 「高齢者人口および割合の推移（1950 年～2040 年）」

した。

・人々の声の可視化

ＳＮＳは人々の関心の動向を把握しやすくしました。そのため、企業のマーケティングや顧客満足度調査などにも活用されています。

・SNS依存症の懸念

若年層を中心に、ＳＮＳの過度な利用による依存が指摘されています。地下鉄や電車などの公共交通機関ではほとんどの人がスマートフォン（スマホ）を使用しており、また「歩きスマホ」「ながらスマホ」などは社会問題にも発展しています。

このようにＳＮＳの普及が社会および企業に与える影響は大きく、今は若者だけでなく、幅広い世代が日常的にＳＮＳを活用しています。特にイマドキ社員の価値観や行動様式にも影響を与えていると考えられます。

2．労働環境の変化

生産年齢人口（15歳以上65歳未満）の減少

先述したとおり、後期高齢者が急増する一方で若い世代が減少し、少子高齢化はさらに加速していきます。２０６５年には総人口が９０００万人を割り込み、高齢化率は38％台の水準になると推計されています。

日本の生産年齢人口は、２０２３年1月1日現在７４７９万６０６１人で、２０１８年に比べて２１６万７１４５人（2.８２％）減少しています。今後もさらなる低下が見込まれています。

定年の延長

定年の延長は、少子高齢化が進む中で労働力不足に対処するための有力な施策の一つです。労働力の確保や経験豊富な熟練労働者も確保できるため、人材不足への対策になります。また、技術・ノウハウの継承も期待できます。さらに、就労期間が長くなれば、年金受給開始が遅れるため、年金財政が改善する可能性もあります。

このように、定年延長には一定の効果が期待できる一方で、次のような課題も存在します。

課題①　年功序列制度への影響

現在も同様ですが、現行の年功序列制度では若手の昇進が滞るなどの問題があります。

課題②　人件費の増加

シニア社員の賃金が高くなるため、企業の人件費負担が増えます。

課題③　組織活性化の停滞

シニア社員が、若手の新しい発想を阻害するなど、組織の活性化が滞るとともに、若手社員のモチベーションダウンにもつながる可能性があります。

課題④　シニア社員の健康問題

シニア社員の健康面でのリスクが高まります。

終身雇用・年功序列制度から成果主義・ジョブ型雇用へ

日本の雇用慣行は、終身雇用・年功序列から成果主義やジョブ型雇用へと移行しつつあります。こうした雇用形態や人事制度の変化には、図1-3のようなメリット・デメリットがあると考えられます。

〔メリット〕

・実力主義による公平な処遇

年功序列ではなく、個人の能力と実績で報酬が決まることで、公平性が高まります。成績優秀者のモチベーション向上にもつながります。

・優秀な人材の確保・定着

高い報酬を期待できるため、優秀な人材を引き付けやすくなり、定着率も上がる可能性があります。

・柔軟な人材活用
　ジョブ型雇用では無期雇用とは限らないため、プロジェクトなどの有期雇用契約による人材活用が容易になります。

・コスト削減
　不採算部門からの人員シフトや、必要に応じた人員調整ができ、経営合理化が進みます。

〔デメリット〕

・雇用の不安定さ
　成果次第で解雇されるリスクが高まり、雇用が不安定になる可能性があります。

・長期的キャリア形成の難しさ
　短期的な成果主義に偏れば、長期的な人材育成が疎かになる恐れがあります。

メリット	デメリット
・実力主義による公平な処遇 ・優秀な人材の確保・定着 ・柔軟な人材活用 ・コスト削減	・雇用の不安定さ ・長期的キャリア形成の難しさ ・過度な競争の助長

図 1-3　終身雇用・年功序列制度から成果主義・ジョブ型雇用への変化

・過度な競争の助長
組織内での過度な競争が生じ、チームワークが損なわれかねません。モラールの低下にもつながります。

ワークライフバランスの推進

ワークライフバランスとは、仕事（Work）と生活（Life）の調和を図ることを指します。具体的には次のような内容が含まれます。

長時間労働の抑制
過度な残業はストレスの原因となるため、労働時間の適正管理が求められます。有給休暇の取得促進なども含まれます。

多様な働き方の実現
在宅勤務、フレックスタイム制、短時間勤務など、個々人のニーズに合わせた柔軟な勤務形態を取り入れます。

育児・介護との両立支援

出産、子育て、介護などでキャリアが断絶しないよう制度の整備が求められます。職場復帰のサポートも重要です。

自己啓発の機会確保

スキルアップや趣味の時間を持てるよう、また、研修やリフレッシュ機会を設けることも含まれます。

プライベートの時間の確保

家族との時間、地域活動、ボランティアなど、仕事以外の活動に十分に時間が使える環境づくりが欠かせません。

イマドキ社員のワークライフバランスが保たれることで、仕事への意欲とモチベーションが維持され、ひいては生産性の向上や優秀な人材の確保・定着にもつながります。一方で、長時間労働是正への取り組みは、企業にとってコスト増の課題にもなります。企業や社会全体でワークライフバランスの実現を目指すことが求められます。

リモートワークの普及

リモートワークの普及も前述のようなイマドキ社員の価値観と合致する部分が多く、彼らに大きな影響を与えていると考えられます。一方で、リモートワーク過多によるコミュニケーション不足や、仕事とプライベートの境界線が曖昧になるデメリットもあり得ます。総じてリモートワークは、イマドキ社員の柔軟な働き方や仕事観にかなったスタイルであり、今後さらに普及が進むと考えられます。企業側も、若手社員に受け入れられるよう、リモートワーク環境の整備が重要になってきます。

イマドキ社員の働き方への影響

先述のとおり、少子高齢化に伴う労働力人口の減少と定年延長といった労働環境の変化は、イマドキ社員の価値観に少なからず影響を及ぼすと考えられます。

従来の終身雇用・年功序列制度では年齢や勤続年数に応じた昇進・昇給がなされ、長時間労働志向、つまり残業をいとわず働くような働き方が旨とされてきました。こうした制度下では自身の力が正当に評価されず、モチベーションを維持できない可能性もあります。

一方の成果主義では個人の業績が適切に反映されるため、公正な処遇が期待できます。また、ジョブ型雇用は特定の職務や役割に基づいて従業員を雇用する形態です。契約形態は企業のニーズや従業員の希望、法的要件などに応じて選択できるため、柔軟な働き方が実現するでしょう。

このように、成果主義やジョブ型雇用はワークライフバランスを重視し、柔軟な働き方を求めるイマドキ社員の価値観に適合した制度と言えるかもしれません。

成果主義・ジョブ型雇用への移行は時代の大きな流れですが、先に挙げたとおりメリットだけでなくデメリットもあります。また、「人が人を評価する限界」についても理解をしておく必要があるでしょう。

企業および職場のリーダーは、世代を超えた協調と多様性の尊重、柔軟な働き方の実現などに取り組むことが必要になります。

3．各種労働関連法について

労働環境の変化の背景には、各種労働関連法の制定や改正もあります。なお、詳細は厚生労働省のホームページを参照してください。

若者雇用促進法

若者雇用促進法の正式名称は「青少年の雇用の促進等に関する法律」であり、１９７０年に制定、２０１５年に全面改正されました。

青少年の雇用機会の確保、円滑な職場への移行を図ることを目的とした法律で、経済のグローバル化が進む中、若年者の失業率が高止まりしていたことから、若年雇用対策の強化が求められて制定されました。主な内容は、①事業主による年齢制限の禁止、②ハローワークなどの設置、③職業能力の開発と向上、④雇用管理の改善促進、⑤若者雇用促進法に基づく基本方針の策定、です。

働き方改革関連法

働き方改革関連法は、長時間労働の是正、非正規雇用の処遇改善、高齢者の就業機会確保などを主眼に、包括的な労働環境改革を目指した一連の法改正のことを指します。段階的に施行されており、企業には労務管理の見直しが求められています。主な内容は、①労働基準法の改正、②労働契約法の改正、③雇用対策法の改正、④パートタイム・有期雇用労働法の改正、⑤高年齢者雇用安定法の改正、です。

改正労働施策総合推進法

改正労働施策総合推進法とは、２０１８年６月に成立した「働き方改革関連法」の一つで、正式名称は「労働施策の総合的な推進並びに労働者の雇用の安定及び職業生活の充実等に関する法律等の一部を改正する法律」です。

改正労働施策総合推進法は長時間労働の是正、同一労働同一賃金の実現、人材育成の促進など、労働施策全般にわたる包括的な改革を行うことを目的としています。主な内容は、①労働時間等の設定の改善、②賃金の不払残業の防止、③雇用形態にかかわらない公正な評価・待遇の確保、④労働能力の維持・向上の支援、⑤雇用管理のための措置、です。

これら労働３法（若者雇用促進法、働き方改革関連法、改正労働施策総合推進法）は、イマドキ社員の価値観や就労に関して、次のような影響を及ぼす可能性があります。

・正規雇用への意識変化

若者雇用促進法は、正規雇用を重視する姿勢が見られます。特にZ世代は非正規雇用への抵抗感が強いとされており、この法律はその傾向に合致すると考えられます。結果として、正規雇用を望む層が増える可能性があります。

・ワークライフバランスの重視

先述のとおり、イマドキ社員はワークライフバランスを重視し、プライベートの時間を大切にする傾向にあります。若者雇用促進法では、過重労働の防止や労働環境の改善が盛り込まれており、働き方改革関連法や改正労働施策総合推進法では、長時間労働の是正や年次有給休暇取得の義務化など、ワークライフバランスを重視する規定があります。この点は彼らの価値観に合致すると考えられます。

・多様性の尊重、柔軟な働き方への志向

若者雇用促進法では、多様な人材の活用が掲げられており、この点でイマドキ社員の考え方と合致します。また、フレックスタイム制や在宅勤務などの導入が進むことで、場所や時間に縛られない柔軟な働き方を重視する彼らの志向にも合致します。

・自己実現の重視

若者雇用促進法では、希望する仕事に就けるよう支援することがうたわれています。また、改正労働施策総合推進法では、労働者の能力開発支援が事業主に義務付けられ、キャリア形成の機会が広がります。イマドキ社員は自己実現を重視する傾向があり、スキルアップの機会の増加は彼らの志向にかなっています。

・公平・均等な機会・処遇の重視

働き方改革関連法では、同一労働同一賃金の実現に向けた規定があり、格差是正につながり非正規雇用の処遇改善が図られます。改正労働施策総合推進法では、同一労働同一賃金の確保や無期転換ルールの導入など、雇用形態による不合理な差を解消する規定があります。イマドキ社員は公平性を重んじる傾向があり、これらも彼らの価値観を後押しするでしょう。

・高齢者雇用への意識変化

働き方改革関連法は、70歳までの就業機会確保がうたわれており、高齢者の活躍が期待されます。イマドキ社員は年齢にとらわれない多様性を重んじる傾向があり、この規定は彼らの価値観と合致します。

これらの法改正の実効性次第では、イマドキ社員の期待に沿えない面も出てくるかもしれません。彼らの声に耳を傾け、実態に即した対応が求められます。また多様な価値観をはらむイマドキ社員へのきめ細かい対応も重要になるでしょう。

4. イマドキ社員が持つ価値観

ここまでに述べてきた社会環境や労働環境の変化を踏まえて、イマドキ社員の価値観や特徴をまとめましょう。

ダイバーシティと公平性を重視

イマドキ社員は、不平等や差別に敏感です。人種、性別、性的指向などに関して、多様性を尊重し、公平な機会を求める傾向にあります。

社会課題や環境問題に関心が高い

地球温暖化対策や持続可能な社会の実現など、社会の課題に対して強い関心を持っています。最近では、環境などへの取り組みが不十分であるという理由により、退職したり内定を断ったりする「気候退職」も一般に広がり始めたようです。

フレキシビリティを求める

働き方や生き方に対して、自由度や柔軟性を求める傾向があります。型にはまった制度には反発を示すかもしれません。

ワークライフバランスを重視

イマドキ社員はワークライフバランスを重視する傾向にあり、柔軟な働き方を求めます。他方シニア社員は、従来通り、プライベートより仕事を優先する考え方を持っています。

個性の尊重と自己実現を望む

従来の画一的な考え方や固定観念から脱却し、集団よりも自身の個性や価値観を大切にする傾向があります。また、自己実現の機会を重視します。

即時性と効率性を重視

イマドキ社員は、デジタルネイティブ（インターネットやデジタル機器がある環境で生まれ育った人）であり、デジタル環境に慣れ親しんでいます。そのため、スピーディーで効率的なサービスやコミュニケーションを好み、ＡＩやテクノロジーの活用を期待します。

経験主義

体験を重視し、実体験から学ぶことを好みます。単なる知識よりも経験を求めます。

フラットな人間関係を好む

上下関係や権威よりも対等な立場での関係を望む傾向があり、組織の平準化を好みます。

目的意識の重視

仕事においても、その作業の目的や意識に強い関心を示します。また、仕事を単なる収入源として捉えるのではなく、社会貢献や自己実現の側面を重視する傾向があります。

ここに挙げたように、公平性、環境意識、デジタル親和性、個性の尊重などがＺ世代を含めたイマドキ社員特有の価値観です。組織運営や人材育成に当たっては、こうした価値観の特徴を踏まえて対応することが求められます。

中国の古典「四書五経」（四書：大学・中庸・論語・孟子、五経：書経・易経・礼記・詩経・春秋）の中の一つに、「修己治人《しゅうこちじん》の学」（自己自身をますます治めていくとともに、他にも良い影響を及ぼす）といわれる「大学」があります。

「大学」では、殷《いん》の時代の名君湯王《とうおう》が自身への戒めとして「日に新た、日々に新たに、また日に新たなり」と洗面器に刻み込んで、「修身」の決意を日々新たにしたという逸話が紹介されています。

この「新」という文字は、立ち木に労力を加えて切り倒して木材にすることが本来の意味です。そういうふうに変化創造していくことを「新（しん）」と読んだわけです。

つまり、世の中は絶えず変化して止まるところはないから、その変化に応じていくことが大切である。お山の大将を決め込んで胡坐《あぐら》をかいていたら、本人はそこに止まったつもりでも取り残されてしまう。だから、絶えず新たなる創造を繰り返していくことが大切である。ましてや、最高の地位についたならば、一層これが大切なことである。そういうことで、湯王は毎日、日に新たにしようということを戒めにしたわけです。

『己を修め人を治める道』伊與田覺著、致知出版社

企業経営は環境適応業だとか変化対応業などといわれます。セブンイレブンの実質的な創業者で、長らく経営を指揮していた現名誉顧問の鈴木敏文氏も「小売業は〝変化対応業〟である」と語っています。つまり、環境の変化に適応していかなければ、生き残れないということです。

同様に、人や組織も環境の変化に適応しなければ生き残ることはできません。イマドキ社員たちの考え方や価値観が変わってきている中で、職場のリーダーもイマドキ社員の価値観や特徴を理解した上での対応を心がけなければなりません。

第２章

こんなに違う！
イマドキ社員への声かけ法

第1章ではイマドキ社員が育ってきた社会環境や労働環境の変化に触れ、イマドキ社員が持つ価値観を理解しました。本章では、そうした特徴を考慮しながら、シチュエーション別にイマドキの若手社員と以前（20〜30年前）の若手社員への声かけを比較してみたいと思います。

1．相手はデジタルネイティブであることを踏まえる

イマドキ社員は、幼少の頃よりスマホやSNSを日常的に使いこなしており、デジタル機器やオンラインとのつながりが生活の一部となっています。新しいテクノロジーへの適応力が高く、それらを自然に取り入れます。

そのため、対面でのコミュニケーションよりも、オンラインでのチャットやメールを使用した交流に長けています。

一方、対人スキルの低下が危惧される面もあります。文章コミュニケーション力の低下や口頭コミュニケーション力である言葉の使い方にも注意が必要です。

また、スピーディーな情報アクセスと効率的なサービスを求める傾向にあり、待つことを嫌います。最近、Z世代の若者を中心に「タイパ」（タイムパフォーマンス）という言

葉がよく使われます。タイパは時間対効果のことで、かけた時間に対して得られた効果や満足感のことを指します。

このように、デジタル環境に生まれ育ったイマドキ社員は新しいテクノロジーに親和性が高く、独自のコミュニケーションスタイルを有しています。これらの特性を踏まえて、「報連相（報告・連絡・相談）」の声かけを考えていきましょう。

〔以前の声かけ例〕

上司「仕事が終了したら、必ず報告・連絡をしてください。ミスやトラブルの際も同様です。また、何か困ったことがあれば相談してください。よろしいですね」

〔イマドキ社員への声かけ例〕

上司「報連相はお互いが情報を共有するために行います。報告は義務なので、仕事の経過や結果を必ず教えてください。

連絡は、自分の意見を付け加えずに事実や情報を関係者に知らせることです。もし自分の意見を付け加える場合には『これは私の意見ですが』と前置きしてから伝えてください。そうしないと私は事実と誤認してしまいます。

相談は、自分が判断に迷ったり困ったりした時などに、上司や先輩に意見を聞くことです。

簡単なことであれば、SNSで報連相していただいても構いませんが、SNSだと十分に内容が伝わらないと判断したときには、対面でお願いします」

以前は、SNSが今のように普及していなかったこともあり、報連相は、直接、対面で直属の上司に行うのが当たり前でした。報告の3大鉄則（迅速・正確・簡潔）などの指導も行われました。つまり、仕事の完了報告をするのはもちろんのこと、進捗報告や、ミス・トラブル・クレームなどの悪い情報なども直ちに報連相を行わなければならないと指導していました。

適時適切な報連相が行われなければ「報連相をきちんとするように」などと注意をしたり、上司から部下に「あの件、どうなっていますか？」などと声をかけて確認したりすることもあります。上司から確認されてばかりだとモチベーションも下がります。私も確認されるのが嫌で、上司から声をかけられる前に報告や連絡を行うように努めたものです。

上司から報連相の内容について指摘されることもありましたが、同時に、上司の意見やアイデアをもらえたことにより視野が広がりもしました。上司の視座で物事を考えられるようにもなりました。

また、頻繁に報連相することで上司とのコミュニケーションの機会が増え、徐々にお互いの考え方などを理解・共有できるようにもなります。その結果、上司からの信頼を厚くする一助になったと感じています。

他方、イマドキ社員はデジタルネイティブとして、コミュニケーションやタスクの効率化、個性や創造性の発揮を重視する傾向があります。上下関係や報連相といった伝統的な組織運営の在り方になじみにくい面もあるかもしれません。指導に当たっては、以下の点に留意してください。

①報連相の意義や重要性を分かりやすく説明する

単に「報連相が大切」と伝えるのではなく、なぜ報連相が必要なのか、情報の共有や連携がチームの生産性を高めるという点を具体例を交えながら説明します。

②ツールのデジタル化に取り組む

報連相のツールとしてチャットやクラウド上のタスク管理ツールを活用するなど、デジタルネイティブになじみやすい方法を取り入れます。

③世代間の対話を通じて、相互理解を深める

上司側の一方的な指導ではなく、イマドキ社員の考え方や困っていることなどを共有し、対話を通じて相互の理解を深めることが大切です。イマドキ社員から声をかけられるのを待つのではなく、リーダーから声をかけましょう。

④報連相をスキル向上およびＯＪＴの機会とする

報連相は、コミュニケーション能力やマネジメント力向上にもつながります。また、ＯＪＴ（職場内訓練）の一環として捉えるのもよいでしょう。

このように、イマドキ社員の特性を踏まえつつ、報連相の意義を丁寧に説明し、相互理解を深めながら、デジタルツールの活用なども検討することが大切です。

2．ワークライフバランスを尊重する

イマドキ社員は、プライベートの時間を大切にし、仕事とプライベートの調和を求める傾向が強くあります。従って、ワークライフバランスへの配慮は、イマドキ社員をエン

ゲージ（企業に対して貢献することを約束すること）し、モチベーションを維持する上で欠かせません。

ここでは、部下に急な残業を頼みたい時の声かけについて考えてみましょう。

〔以前の声かけ例〕

上司「A君、先ほど、急ぎの仕事が入ったので、明日の午前中までにやってくれないか」

Aさん「ハイ、分かりました」

〔イマドキ社員への声かけ例〕

上司「Aさん、急ですまないが、先ほど、明日の午前中までの急ぎの仕事が入りました。君に引き受けてもらいたいのだが、今日は少し残業することはできますか？」

（少しだけ残業できる場合）

Aさん「今日はこの後予定がありますので、１時間だけであれば、大丈夫です」

上司「ありがとう。では、１時間だけお願いできますか。助かるよ、ありがとう」

（残業できない場合）

Aさん「今日はこの後予定がありますので、残業はできません」

上司「そうか、分かった。無理を言って悪かったな」

部下Aさんは、その日、彼女とのデートの約束を楽しみにしていました。以前であれば、上司から仕事を打診され、「明日の午前中までに仕事を終わらせなければならない」と言われたら、部下は仕事を優先するのが当然とみなされていました。やむなくプライベートの予定はキャンセルして、上司の指示に従って残業することを受け入れたかもしれません。上司もまた、部下にプライベートの予定があるかどうかは気にすることなく、受け入れてもらえる前提で仕事を依頼してきました。

しかし、イマドキ社員はプライベートの時間を大切にする傾向が強いため、まずは急な残業が可能かどうかを部下に確認することから始めなければなりません。少しでも残業が可能であれば、部下の意思を尊重し可能な時間まで残業してもらいます。その際、感謝の言葉を伝えることを忘れないように。ＮＧの場合は、急な残業を頼んだことを詫《わ》びましょう。

また、急な残業依頼以外でも、イマドキ社員とのコミュニケーションにおいては、次のポイントに留意しながらワークライフバランスの大切さを伝えていくとよいでしょう。

①フレックスタイムやリモートワークなど、柔軟な働き方を推奨する

時間や場所に縛られない働き方を推進することで、プライベートの時間を確保しやすくなります。

②長時間労働を是正し、休暇取得を奨励する

イマドキ社員は、生産性の高い集中力のある短時間労働を好むため、無駄な残業は避ける必要があります。また、リフレッシュのための休暇取得を積極的に促しましょう。

③プライベートを大切にする価値観を理解し、尊重する

上司が一方的に長時間労働を強いるのではなく、イマドキ社員の価値観を尊重した上で対話を重ねることが重要です。

イマドキ社員への理解を深め、積極的にワークライフバランスを支援することで、彼らのエンゲージメント（個人と組織の結び付きが深く、互いに貢献し合える状態）と生産性の維持向上が期待できます。価値観の違いを受け入れ、対話を大切にしながら取り組むことが肝心です。

3. 丁寧な説明や指導を心がける

イマドキ社員に求められるのは丁寧な説明と指導です。暗黙知も言語化し、誰でも簡単にマスターできるようにする必要があります。活用したいのは、「正しい仕事の教え方4段階」です（78〜79ページで詳述）。

第1段階「リラックスさせて、作業を説明する」
第2段階「やって見せる」
第3段階「やらせてみる」
第4段階「フィードバックする」

ここでは、部下に指示を出す時のコミュニケーションを例に挙げて考えてみましょう。

〔以前の声かけ例〕

上司「A君、バックルーム整理をやっておいて」
（または「今からバックルームの整理作業をするから、よく見ておくように」）

〔イマドキ社員への声かけ例〕

第１段階「リラックスさせて作業を説明する」

上司「このバックルーム整理の作業は、各商品在庫が種類ごとにどのくらいあるのかを目で見て分かるようにするために行います。また、在庫を数えやすいようにしておくためにも大切なことです」と目的を述べてから、作業手順ごとに説明する。

第２段階「やって見せる」

上司「今から私がやって見せるので、必要に応じてメモを取りながら、よく見ておいてください。『最初に○○をします。続いて××をします。その際には△△の点に注意してください。以上で説明を終わりますが、分かりにくかったところはありますか？」

第３段階「やらせてみる」

上司「それでは、今私が仕事の手順を説明しながらやって見せたように、Ａさんも作業手順を声に出しながらやってみてください。注意点も同様です」

第４段階「フィードバックする」

上司「仕事の覚えが早いですね。その手順で正しく早く進めてください。さらにより良いやり方があれば提案してください」

例えば、これまでは熟練者の技術継承などでは「背中を見て学ぶ」「技を盗む」などが是《ぜ》（正しいこと）として語られてきました。上司は部下に細かい指示を出すことはなく、また部下も「教えてもらう」という受け身の姿勢ではなく、自分で考えて工夫しながら体得していったものです。

しかしイマドキ社員には、意識して仕事の目的を伝え、作業指示だけではなく、教え方の手順に沿って正しく教えることが大切です。可能であれば、ＳＮＳや動画などでもマニュアルを見られるようにしておき、繰り返し閲覧できる体制にしておくと、さらに効果的です。

4．承認欲求を満たす

「イマドキ社員は承認欲求が強い」と語られがちですが、必ずしもそうとは限りません。置かれた状況や個人の性格などによっても異なります。

一般的には図表２-１のような特徴があると指摘されています。つまり、一部にはSNSの影響で承認欲求が高まっている層もいますが、個人主義的で本質重視の価値観から、かえって承認欲求は強くない層も多いと考えられます。

承認欲求の有無は、個人や状況によって大きく異なります。一概に「イマドキ社員は承認欲求が強い」と決めつけるのは適切ではありません。ここでは、承認欲求が強いイマドキ社員が、今までできなかった作業が１人でできるようになったので褒める場合を例に考えてみましょう。

Aさん「やっと○○作業が１人でできるようになりました」

承認欲求が比較的強い傾向	承認欲求が比較的強くない傾向
・SNSの普及により、「いいね」など他者からの承認を求める習慣がついている。	・個人主義的価値観が強く、他者の評価にはあまりこだわらない。
・子ども時代から過保護に育てられ、常に承認を求めてきた。	・物事の本質を大切にし、表面的な承認はさほど気にしない。
・実力主義を重んじるが、その実力を承認してもらいたいと考えている。	・仕事とプライベートの分離を重視し、仕事面での承認欲求は控えめ。

図表 2-1　承認欲求の比較

〔以前の声かけ例〕

上司「そうか、それは素晴らしい！」

〔イマドキ社員への声かけ例〕

上司「ほう、それはすごいな。作業マニュアルを見直したり、うまくできない点は先輩から熱心に指導を仰いだりした成果だね。朝早く出社して一生懸命努力を重ねていましたね。その調子で次の作業もできるようになってくれると、私もうれしいよ。分からない点があれば、これまでと同様、私や先輩に遠慮せずに聞いてください」

以前は「3S言葉（すごい・さすが・素晴らしい）」を使って褒めるとよいとされてきました。しかし、イマドキ社員には、それだけでは不十分です。3S言葉に加えて、具体的な行動やプロセスを褒めましょう。

つい、最後に「期待しているよ」などと付け加えたくなるところですが、これには注意が必要です。ピグマリオン効果（202ページ参照）のように、期待されればその期待に沿ってさらに頑張ろうと意欲が向上する場合もありますが、逆にプレッシャーを感じてしまう場合もあるためです。相手の性格などを把握した上で判断すべきでしょう。

5．一方的に叱らない

イマドキ社員は叱られることを嫌がる傾向にあるとされます。それには、次のような根拠があります。

①子ども時代から過保護に育てられてきた

イマドキ社員は両親から過度に守られ、厳しい叱責を受けることが少なかった世代です。そのため、厳しい指摘や非難には耐性が低い面があります。

②自尊心が強く、批判を受け入れにくい

イマドキ社員は自身を肯定的に見る傾向が強く、自尊心が高いと指摘されています。そのため批判的な言葉を受け入れにくい面があります。

③フラットな関係を重視する

上下関係ではなく対等な関係を重視するイマドキ社員にとって、上から目線の叱責は受け入れ難いものです。叱責だけでなく、一方的に褒められることも上から目線に映ることがあります。控えめで対話を重んじるコミュニケーションが望まれます。

④プライバシーを重視する

イマドキ社員はプライバシーを重視し、個人の領域を大切にする傾向があります。そのため、以前の世代の若手社員よりも人前で叱責されることに強い違和感を覚える可能性があります。同様に、公の場で個人的な称賛をされることにも違和感を覚えます。

こうした点を踏まえて、イマドキ社員を叱る際の声かけについて考えましょう。

〔以前の声かけ例〕

上司「なぜ、このような単純ミスをしたのか!? この前も気を付けるように言ったばかりじゃないか！」

〔イマドキ社員への声かけ例〕

上司「ミスをしたことは仕方がないことです。今後同じミスをしないために、具体的に何をどのように改善したらよいと思いますか？　Aさんの考えを聞かせてください」

（Aさんの考えを聞いた上で）

上司「なるほど、君の案を聞いてヒントを得たのですが、そのほかに、こんな案はどうですか？　最も効果的・効率的な案で進めましょう。どのような手順で進めるかも話し合っておきましょう」

以前の若手に対しては、「なぜ〇〇したのか！」と頭ごなしに一方的に叱ることもありました。しかし、叱られることを嫌うイマドキ社員には、そうした一方的な叱責は悪手《あくしゅ》です。トラブルを受け入れ、具体的な改善点を示すか、もしくは今後どうしたら改善できるかを一緒に考えたり、相手に考えさせたりするのが有効です。

イマドキ社員は叱責には慣れていませんが、フィードバックを求め、建設的で具体的な指摘なら受け入れやすいという特徴があります。つまり、対話を通じた適切な指導であれば受け入れる素地はあるということです。上から目線の一方的な叱責は避け、対等な立場でフィードバックし、個人のプライバシーを尊重することが賢明です。

6. 人前で過度に褒めない

イマドキ社員は人前で叱られるのを嫌うだけでなく、人前で過度に褒められることも苦手とします。よかれと思ってみんなの前で褒めても、逆効果になる可能性があるのです。

イマドキ社員が人前で褒められるのを苦手とするのは、次のような理由です。

①フラットな関係を重視する
②プライバシーを重視する
③過度な称賛への反発

「①フラットな関係を重視する」と「②プライバシーを重視する」については前項で説明したので、「③過度な称賛への反発」について解説しましょう。イマドキ社員は実力主義を重んじる世代です。実際の業績以上に称賛されると、むしろ虚偽だと受け取られかねません。納得できない過剰な賛辞は、かえって不信感を招く恐れがあります。

それでは、こうした点を踏まえてイマドキ社員が売上目標を達成した際の褒め方について見ていきましょう。

〔以前の声かけ例〕

上司「Ａ君が今月の売上目標を達成しました。皆さん、拍手！」

〔イマドキ社員への声かけ例〕

上司「Ａさん、ちょっといいですか？（個別ブースなどに誘導する）今月の売上目標、達成おめでとう！　よく頑張りましたね。ところで、達成できた要因は何だと思いますか？」

Ａさん「○○だと考えます」

上司「なるほど。Ａさんさえよければ、このノウハウをメンバーに伝えても構いませんか？　引き続き、次月も達成できるよう頑張ってください。今月はお疲れさまでした。ありがとう」

以前は人前で大々的に褒めることで部下のモチベーションもアップするとされてきました。しかし、イマドキ社員には、叱る時と同様に、褒める時も一対一が基本です。個人のプライバシーを尊重し、実力主義を重んじ、対等な立場で控えめに接することが大切です。

7．個性を尊重して自由な発想を求める

イマドキ社員は、個人主義、多様性尊重、革新性重視などの価値観から、個性を尊重し自由な発想を求める傾向があるといわれています。

では、会議でアイデアを募る場合の声かけについて考えてみましょう。

〔以前の声かけ例〕

上司「何かいい考えはありませんか？　A君どうですか？」

A君「……（下を向いて無言）」

上司「皆さんの意見やアイデアを取り入れたいと思っているのに、誰からも発言がありませんね。何も考えやアイデアはないのですか？（怒り気味）」

〔イマドキ社員への声かけ例〕

上司「この課題について、意見やアイデアはありませんか？　ブレーン・ストーミングのルール※1にのっとって進めましょう。若い皆さん方の新しいアイデアやユニークな考えを期待しています。私がホワイトボードに板書します。誰からでも結構ですか

ら、どんどんアイデアを出してください」

（※１）ブレーン・ストーミング（脳の嵐）とは、１９３８年、米国広告会社副社長アレックス・Ｆ・オズボーン氏が考案したもの。テーマに沿って、思い付いたアイデアや考えを自由に発表し合う手法で、自分１人では考えもしなかった視点の考えを発見できたり、他のメンバーの意見との相乗効果で予想外のアイデアを創出できたりする。ルールは、①批判厳禁（他人の発言を批判しない）、②自由奔放（自由奔放な発言を歓迎する）、③質より量（量が質を生む）、④結合改善（他人のアイデアに便乗する）とされる。

以前は上司が「何かありませんか？」と問いかけ、部下から意見やアイデアを募るのみでした。しかし部下は先輩や上司の顔色をうかがったり、「下っ端が最初に発言するなんて……」などと気を使ったりして、なかなか意見が出にくいこともあったのではないでしょうか。

一方、多様性を尊重し、個人主義的な面もあるイマドキ社員は、人の意見も自分の意見も大事にする傾向があります。そのため「新しいアイデアは大歓迎。若手ならではのユニークな考えを求めている」と先に伝えたら、活発な議論が実現するでしょう。

8. 成長感や社会貢献を感じさせる

イマドキ社員は、自身の成長実感や社会への貢献につながる価値観を重視する傾向があるといわれています。また、お金だけでなく自身の成長や社会への影響を求め、より意義のある人生を送ろうとする世代です。

コピー取りを依頼する際の声かけについて考えてみましょう。

〔以前の声かけ例〕

上司「今日の会議で配布するので、この資料を10部コピーしておいてください」

〔イマドキ社員への声かけ例〕

上司「今日の13時からの部内会議で配布するので、この資料を12時までに10部コピーしておいてください。なお、資源を大切にするためにもコピー機の横に置いてある裏紙を使ってください。コピーのミスをするとコストもかかるし、資源が無駄になるので、斜めにズレたりすることのないように慎重にコピーを取ってください。では、よろしくお願いします」

以前であれば、コピー取りのような仕事では単に部数などの指示をするだけでした。しかし、イマドキ社員はたとえ簡単な作業であったとしても、その仕事が本人の成長につながること、会社や社会への貢献になることを丁寧に伝えることが大事です。

以上のように、イマドキ社員の特徴を理解した上で、声かけの仕方を考えてきました。ここでは以前の声かけとイマドキの社員への声かけを分けて比較しましたが、イマドキ社員への声かけの仕方は、全てのメンバーへの声かけにも効果的です。Z世代の若手社員のみならず、かつての若手社員であり現在の中堅社員のメンバーにも、ぜひ活用してみてください。

第３章

失敗事例に学ぶ
イマドキ社員のマネジメント

1．変わらなければいけないのはリーダー自身

知識や経験が行動に影響を与える

一般的に人間の言動はさまざまな要因によって影響を受けますが、今まで学んできた知識や、失敗したり成功したりした過去の経験などが大きな役割を果たします。

知識は、学校教育や自己学習から得られるものですが、過去の体験もまた重要な知識の源泉となります。同じ出来事を経験しても、人によって解釈は異なります。なぜなら、その人が持っている価値観や物の見方が、過去の体験を通して形作られているからです。つまり、言動の背景にあるのは、自身の学んだ知識と人生で積み重ねた経験なのです。

経験から得た教訓や気付き、トラウマなども無意識のうちに価値観や考え方、行動にも影響を与えています。従って、大抵のリーダーは、どうしても自身の価値観や考え方に基づいて言動しがちです。

だからリーダーは、Z世代をはじめとするイマドキ社員の言動に対して半ば理解不能と感じてしまいがちです。コミュニケーションを取ることを諦めてしまい、「とにかく、会社を辞めずに、言われた仕事をきちんとしてくれればよい」などと考えるようになるの

ではないでしょうか。

しかし、「イマドキの若い者は何を考えているか分からん！」と口にするのは、リーダー自身が、イマドキ社員の価値観や考え方を理解しようとする努力が足りないことを公言しているようなものです。

また、理解しようと試みてもなかなか受け入れることができずに、結局、自分の価値観で判断し行動してしまうこともあります。リーダーとしての役割責任を果たすためには、イマドキ社員に自分の価値観を受け入れてもらおうとするのではなく、リーダー自身が彼・彼女たちの価値観や考え方を理解し、受け入れようと努めなければなりません。

職場のリーダーがイマドキ社員の価値観や考え方を理解することなく、20～30年以上前に自身が若手だった頃の価値観や考え方を基軸にして彼らをマネジメントしようとすれば、ほとんどの場合はうまくいきません。もし、うまくいっていると思うのであれば、それは表面上だけの成功か、またはイマドキ社員にも受け入れられやすいほどリーダー自身の人格が優れているからではないでしょうか。

リーダーは、部下を持つ小さな組織の責任者です。だから、リーダーには、Ｚ世代も含めて部下をマネジメントすることが求められます。

リーダーの仕事とは

ところで、マネジメントとは「他人を通じて仕事を成し遂げる（仕事の目標を達成する）こと」です。さらに詳しく述べると、「会社から与えられた、経営資源（ヒト・モノ・カネ・情報・時間など）を有効に活用して、お客様には満足を、部下には高いモラール（士気、やる気）と喜びを与えつつ、その仕事の目的・目標を達成すること」です。

会社から与えられた「ヒト」

主に「部下」のことですが、自分の周りにいるメンバー全てを指します。もちろん、上司や社長、同僚なども含みます。

会社から与えられた「モノ」

「ハードウエア（器具・備品・建物・事務用消耗品など、物理的なモノ）」のことです。オフィス、営業所、デスク、椅子、パソコン、営業車、ボールペンなどです。

会社から与えられた「カネ」

給料やボーナスのことではありません。「コスト」のことです。例えば、事務用消耗品費、水道光熱費、電話代などの通信費、交際費など、これらは目には見えませんが、仕事をしている時に発生している経費と考えてください。

会社から与えられた「情報」

「会社の方針や上司からの指示事項、部下からの報告や連絡・相談内容、提案」などです。その他、会社以外からの情報も含みます。お客様からのクレーム、競合情報、業界情報、一般的な世の中の情報などです。ただし、会社から与えられる以外の情報は、自分で収集する努力をしなければなりません。

会社から与えられた「時間」

「労働時間」のことです。原則、法定労働時間は1日8時間、週40時間です。

これらの経営資源を無駄なく有効に活用して、継続的に優れた商品・サービスをお客様に提供し、顧客満足度を高め続けます。そのためには、リーダーは部下に高いモラールと仕事の喜びを与えながら、その仕事の目的・目標を達成するのです。

仕事の喜びとは、達成感や成長実感、承認（褒められる、評価される）の喜びなどです。その仕事の喜びがモチベーションの向上に結び付きます。

リーダーは組織の責任者であり、1人では自組織の目標を達成できないので、部下がいます。部下のおかげでリーダー自身の責任を遂行できる、組織の目標を達成できるということを忘れることなく、常に感謝の気持ちを持って部下と接することが大切です。Z世代の若手社員も、部下の1人だということも忘れないでください。

以上のことを踏まえつつ、職場のリーダーがイマドキ社員をマネジメントしようとしてうまくいかなかったこと、およびその理由と彼らへの対応策の事例をご紹介します。

2. イマドキ社員に効くマネジメントとは

イマドキ社員のマネジメントの実態

少し本音の話をしましょう。そもそもリーダーは「イマドキ社員のやる気を引き出す」ことを真剣に考えていないのではないでしょうか？　自分が育ってきた環境や学んできた知識、仕事経験・人生経験などにより、自分の価値観や考え方を変えられずにいるのではありませんか？
職場リーダーの本音としては、イマドキ社員に次のような不満を抱えている面もあると考えられます。

①上意下達のマネジメントスタイルが通用しない

リーダーたちの親や上司に当たるのが、ベビーブーマー世代（１９４６～１９６４年に生まれた世代）です。リーダー自身は、こうしたベビーブーマー世代の考え方に影響を受けて育ってきました。そのため、自分がされたように、イマドキ社員に対しても従来の上意下達型のマネジメントスタイルを取りがちです。

しかし、彼らは自由度と主体性を重視するため、こうした一方的な指示命令型のマネジメントに対して反発を示す傾向があります。彼らは自分の意見や考えをしっかり持っており、納得できる理由なしには動かない傾向があります。これまでのような上意下達のマネジメントスタイルでは通用しません。

②画一的な評価・処遇を好まない

リーダーは、イマドキ社員１人ひとりの個性や志向性をあまり考慮せず、従来の基準で画一的な評価や処遇を行っています。

一方、イマドキ社員はやりがいや成長機会を重視します。給与だけでなく、仕事を通じた自己実現を求めます。忠誠心や会社への帰属意識が希薄なこともあり、この職場では成長できないと見切りをつけると、割と簡単に次の職場を探します。

③デジタルツールの活用にこだわる

イマドキ社員はデジタルネイティブであり、テクノロジーを活用した効率的な業務スタイルを求めています。また、場所や時間にとらわれずに仕事ができることを重視しており、リモートワークなどの柔軟な働き方を期待しています。

一方、リーダー側はデジタルツールの活用に抵抗があったり、不慣れだったりしてビジネスへの対応が遅れています。リーダーから見ると、イマドキ社員はスマホやSNSにいつも熱中しているように見え、集中力に欠け、作業に専念できていないようにも思えます。

また、リーダーはオフィスでの勤務を前提とした管理をしがちで、多様な働き方へのニーズに遅れをとっています。

④年功序列意識に欠ける

リーダーには年長者重視の意識が備わっています。そのため、意識せずともイマドキ社員に対して上から目線の態度で接する場合があります。

他方、イマドキ社員に年功序列意識は希薄で、リーダーともフラットな関係を期待しています。年長者への物言いや態度にも遠慮は見られません。

⑤マナーや規律面で未熟な部分がある

イマドキ社員はビジネスマナーや責任感といった社会人としての基礎が十分に身に付いていません。

一方、彼らはスキルやアイデア面で優れており、新しいやり方に柔軟に対応でき、革新的な発想ができる強みを持っています。

従来のマネジメントスタイルは、イマドキ社員の特性や志向性に合致しません。リーダーはイマドキ社員の特徴を理解した上で、長所を最大限に引き出しつつ、諦めることなく短所を補うような指導育成に努めなければならないのではないでしょうか。

やる気を引き出す「結果の見える化」

では、イマドキ社員のやる気を引き出すには、どのようなアプローチを取ればよいのでしょうか。

ポイントは、結果の「見える化」です。営業目標のような数字だけでなく、本人のやる気や周囲からの期待なども可視化する仕組みを取り入れてみてください。ここでは6つの策を挙げて解説していきます。

①「やる気度」の事前事後の自己評価

期初に、各自の「やる気度」を10点満点で自己評価してもらいます。リーダーは期中にイマドキ社員のやる気を引き出す声かけを実践します。期末にも同様に自己評価をします。前後の「やる気度」を点数で見える化し、比較します。

株式会社JTBモチベーションズによると、8点以上は「やる気度が高い」、6～7点台は「普通」、5点台は「やる気ある・なしの境界」、3～4点台は「やる気度が低い」、3点以下は「危険領域」です（図3-1）。「危険領域」は、うつ病など精神疾患の可能性がありますので、即時面談し、産業医や産業保健師に相談が必要かもしれません。

万一、自己評価が5点以下のメンバーがいれば、個別に面談をしてその原因を一緒に考えて改善策を検討します。そして、今後本人が行うこととリーダーが行うことを確認して、実行に移します。その結果は事後の点数で判明します。6点以上になるまで面談を重ねて、繰り返します。つまり、PDCAサイクルを回すということです。

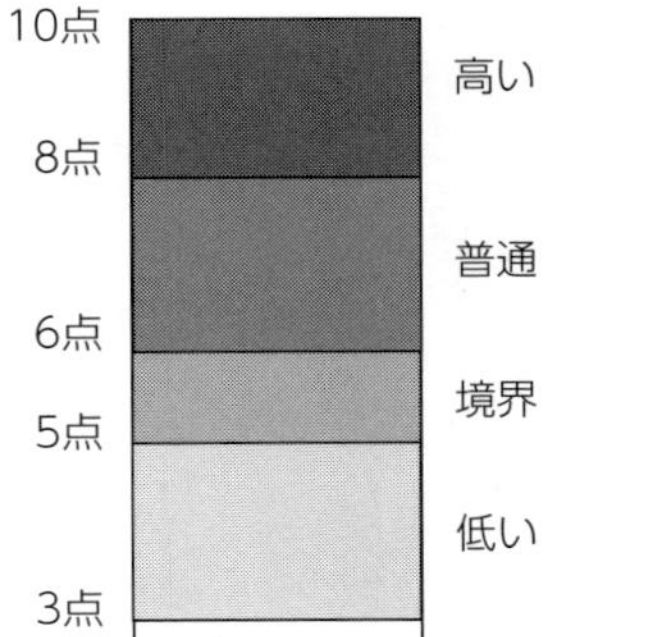

図 3-1 「やる気度」自己診断結果（目安）

②業績データの可視化

個人やチームの業績データ（目標達成度、生産性、売り上げなど）を、グラフなどで分かりやすく可視化します。そうすることで、達成感を味わうことができるほか、未達であれば次の目標達成に向けての意欲を喚起することができます。

③定期的なフィードバックの収集と共有

アンケートやインタビューを通じて、仕事へのモチベーションや満足度などを定期的に

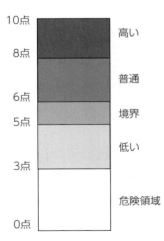

収集します。

④動画やパワーポイントなどを活用したプレゼンテーション

イマドキ社員がプロジェクトの成功事例などを動画やパワーポイントなどでまとめ、社内または部署内で発表する機会を設けます。

⑤ゲーム化

目標達成度に応じてバッジやポイントを付与するなど、ゲームの要素を取り入れることで、楽しみながらモチベーションを維持します。

このように、さまざまな施策を取り入れて「結果の見える化」を行うことで、イマドキ社員に合ったやる気の出る環境をつくり上げることが必要です。

次節では、イマドキ社員に合わないマネジメントを行ってしまった失敗事例をご紹介しましょう。これまでは正しいマネジメントスタイルだと思われてきたものも、イマドキ社員には通用しないことが多々あります。どこが適切ではなかったのか、どうすればよかったのかを、ぜひ一緒に考えてみてください。

3. ここが失敗！ イマドキ社員のマネジメント

【事例１】リーダーによるマイクロマネジメント

リーダーは、配属されたばかりの若手の部下に、ある仕事を任せることにしました。早く覚えてもらえばスムーズに業務が遂行できるようになると思い、細かく作業指示を出し、その都度、進捗確認を行いました。

リーダー「この作業を本日中にやり終えてください。（身振り手振りで）最初は○○を、次に××をします。分からないことがあれば聞いてください」

部　下「分かりました」

リーダー「○○と××の作業が終了したら、都度、報告してください。途中で何か分からないことがあれば聞いてください。では頼みますよ」

リーダーはこのように伝えてその場を離れ、部下は教えられた作業に取り組みました。しかし、リーダーが考えるタイミングで報告がなかったので、部下に声をかけて確認をしました。

リーダー「予定通り進んでいますか？　今はどの作業まで終わっていますか？」

その後もリーダーは適時適切な報告がないと感じると、部下に都度、声をかけました。しかし、リーダーから声をかけられるたびに、若手の部下はうんざりした表情を浮かべています。

原因分析

上からの一方的な指示や頻繁な確認により、イマドキ社員はプレッシャーを感じてモチベーションがダウンします。

リーダーは組織の責任者として、最終的には、組織目標を達成することが課せられています。だから、メンバーには早く仕事を覚えて戦力になってもらわなければなりません。Z世代の若手社員も同様です。

こうしたことから、部下に作業指示を出す時は、リーダーが考えている正しい手順を説明し、ミスなく早く仕事を進めてもらおうと考えます。また、指示した仕事が滞りなく進んでいるかどうかも心配です。だからこそ、都度、進捗報告を求めます。

しかし、ここで注意したいことがあります。「マイクロマネジメント」という言葉はご存じですか？　上司が部下の業務に強い監督・干渉を行うことです。マイクロマネジメントを行う管理者は、業務のあらゆる手順を監督し、意思決定の一切を部下に任せません。簡単に言えば、上司の部下の行動に対する「過干渉」のことです。不必要なことまで詳細に報告することを義務付けたり、部下の行動を手取り足取り管理したりすることです。

例えば、議事録の書き方にいちいちケチをつける。報告書の書き方を自分のフォーマットに従わせる。客先へのアポイントの取り方や会議の進め方、行動計画の内容に介入するなど、多岐にわたって口出しする行為などもマイクロマネジメントに当たります。

こうしたマイクロマネジメントはイマドキ社員と相性が悪く、次のような悪影響を及ぼす恐れがあります。

①モチベーションの低下

イマドキ社員は自律性を重んじる傾向があります。上司から細かく指示を受けることで自主性が失われ、仕事へのモチベーションが下がる可能性があります。

②ストレスの増加

細かい監視や過剰な指示は、Z世代の若手社員にプレッシャーを与え、精神的なストレスを高める要因になりかねません。

③創造性の阻害

マイクロマネジメントは部下の自由な発想を制限し、新しいアイデアを生み出す創造性を妨げる恐れがあります。

④離職率の上昇

イマドキ社員は自己実現を重視する傾向にあります。マイクロマネジメントに不満を持つと、より良い環境を求めて転職する可能性が高くなります。

⑤信頼関係の損失

上司と部下の間で細かい指示や監視がいき過ぎると、お互いの信頼関係が損なわれ、協力関係が築きにくくなります。

マイクロマネジメントは短期的な業務効率を上げる効果もあります。しかし、イマドキ社員の特性を考えると、長期的には彼らのモチベーションやストレス、離職率に悪影響を及ぼす可能性が高いと言えます。適度な自律性を許容し、信頼関係を構築することが大切です。

これで改善！　イマドキ社員への指示出し

イマドキ社員への指示の出し方は、次の６つのポイントを押さえましょう。

①目的や意義を明確に説明する

イマドキ社員は、物事の背景や意義を理解することを重視します。単に「これをやれ」と言うのではなく、その作業がなぜ重要なのか、どのように部署全体の目標に貢献するのかを丁寧に説明します。

②丁寧に教える

イマドキ社員はスキルを身に付けたいという欲求が強く、上司の教え方が稚拙だと、早めに会社を見限ってしまう可能性があります。丁寧に仕事の手順を教えることが求められます。

少し古いかもしれませんが、TWI（Training Within Industry）という、第二次世界大戦中、アメリカの生産現場の監督者のために開発された部下育成の科学的手法があります。その中のJI（ジョブ・インストラクション）、仕事の教え方の技法を使って教えると効果的です。

第1段階　リラックスさせて、作業説明をする

まず、第1段階に入る前の準備として、相手をリラックスさせます。近況や、勤務中に気付いた良い点などを指摘して部下の緊張を解きましょう。

部下がリラックスして話をする環境が整ったら、作業の目的や重要性、仕事全体の中での位置付けなどを説明します。そして、その作業について、部下はどの程度の知識を有しているのかも確認します。

続いて、作業手順書（手順書がない場合にはリーダーの経験則による）に基づいて、全ての手順を第1手順から順に説明します。留意点などがあれば同時に説明します。

手順が多い時は、3~5手順くらいでいったん説明を中断して理解度合いを確認します。

それから次のステップの説明に進みます。できれば、作業手順書に沿って説明すると効果的です。作業の動画などが利用できればさらに良いでしょう。

第２段階　やって見せる

第1段階で説明した作業手順を声に出しながら、リーダーが実際にやって見せます。最後に、分からない点があるかどうかを確認します。

第３段階　やらせてみる

第２段階でリーダーがやって見せたことを、今度は同様に、部下に作業手順を言わせながらやらせてみます。途中間違っていたら、作業を止めて確認します。間違いを相互確認できたら次のステップに進ませます。

第４段階　フィードバックする

出来栄えについて評価します。「初めてにしては覚えが早いね。○○の点に注意しながら作業を進めると、早く1人で作業をできるようになります。その調子で頑張ってください」などと伝えます。

また、分からないことがあった場合に相談する人物を決めておきます。そして、部下の上達具合を観察しながら、徐々に指導を減らしていきます。

日本にも同様のものとして、元大日本帝国海軍26・27代連合艦隊司令長官山本五十六氏の言葉があります。「やって見せ　言って聞かせて　させてみて　褒めてやらねば人は動かじ」。JIの技法とよく似ていますね。

③双方向コミュニケーションを意識する

イマドキ社員は上意下達のスタイルよりも、対話を通じて意見を交わすことを好みます。指示を一方的に伝えるだけでなく、質問に答え、逆に提案を求めるなどの双方向のコミュニケーションを心がけましょう。

④柔軟性のある対応

イマドキ社員は、自由度の高い働き方を重視する傾向があります。作業手順や時間管理において、可能な限りマニュアルに固執することなく、ある程度の裁量を認めることで、モチベーションの向上が期待できます。

⑤テクノロジーを活用する

コミュニケーションや業務にテクノロジーを取り入れることで、親和性が高まります。例えばチャットやビデオ会議、情報共有などのクラウドツールの利用などが考えられます。

⑥明確な数値や期限を設定する

できるだけ具体的な期待数値や期限などを示し、曖昧さを残さないようにしましょう。

対話を重視し、互いに理解を深め、柔軟な対応をしながらテクノロジーを活用していく――これがイマドキ社員への効果的な仕事の指示につながります。

【事例 2】上意下達の目標設定

会社では上意下達で自部門に目標を課せられます。そのため、リーダーもまた、メンバーの意思や意見を聞くことなく、各メンバーに個人目標を課すのが当然と考えていました。

リーダー「今期の目標は課全員で〇〇円です。また、Aさんは〇〇円、Bさんは〇〇円、Cさんは○○円です。よろしいですね？
皆さんがこの目標数値を達成してくれなければ、わが部門の目標も未達に終わります。では、達成するための具体的な計画を、所定の計画表に記入して、○月○日までに私に提出してください。では、よろしくお願いします」

これで改善！ イマドキ社員の目標設定

従来のような上意下達の目標設定は、イマドキ社員は受け入れ難く感じます。各メンバーの個人の実績や経験・能力などを考慮せず、一律に目標を割り付けられると、モチベーションを下げてしまいかねません。また、本人の意見や考えに耳を傾けることもなく、一方的に個人目標を設定されるやり方は反発を呼ぶかもしれません。

そこで、イマドキ社員には次のポイントを押さえた目標設定をすることが大切です。

①意義や背景を説明する

単に目標を与えるだけでなく、その目標が組織や社会にとってどのような意義があるのかを丁寧に説明します。イマドキ社員は、物事の背景や理由を理解することを重視するためです。

また、工場などの各工程で作業をしている場合は、担当部品が最終的にエンドユーザーの手元に渡った際に、どのような製品になるのかも伝えるとなお良いでしょう。

②参加型のプロセスを採用する

上長からトップダウンで目標を指示するのではなく、イマドキ社員の意見も取り入れながら目標を設定します。自分で決めた目標への主体性とコミットメントが高まります。ピーター・ドラッカーが唱える「目標による管理」では、現場の従業員も目標設定に参画します。従業員が考える目標と上司がそのメンバーに期待する目標とを話し合いで調整して、両者納得の上で目標を決定します。

③具体的で測定可能な目標を設定する

明確な数値目標を設定します。目標の3要素（何を、どれだけ、いつまで）をきちんと盛り込みます。すると、進捗度合いが分かりやすく、達成感も得られやすくなります。また、期末の評価にリーダーと部下との誤差がなくなります。

④挑戦的だが現実的な水準に設定する

目標は、高い水準を目指しつつも現実的に達成可能なレベルに設定することが大切です。やる気を失わせるほど高過ぎても、楽に達成できそうな低い目標でもいけません。本人の成長を望むのであれば、少し努力すれば達成できる程度の目標がちょうどよいでしょう。「低過ぎず、高過ぎず」です。

⑤定期的な振り返りとフィードバックを実施する

期中は定期的に進捗状況を共有し、フィードバックやアドバイスを行うことにより、さらに目標意識を高めます。

以上のように、イマドキ社員の特性を踏まえて、参加型で具体的かつ現実的な目標を設定し、振り返りを行うことが重要です。また、目標設定プロセスに彼らを巻き込むことで、主体性とモチベーションが高まるでしょう。

【事例３】対面を重視した社内コミュニケーション

リーダーは、各営業所や出先のメンバーも含めて対面で「１on１ミーティング」を行うために、本社のブースで面談を行いました。１人当たり30分の予定でしたが、時間オーバーしてしまったことも何件かありました。

面談では、近況確認や職場で困ったことなどについてヒアリングしましたが、当たり障りのない無難な話しか聞くことができず、時間をかけたわりに、あまり実りのあるものにはなりませんでした。

原因分析

①新しいテクノロジー活用の遅れ

「本社ブースで行う」などと場所を指定すると、各営業所や出先から面談場所までメンバーに移動を強いることになります。たった30分の面談のためにわざわざ移動するというのは、コスパやタイパを重視するイマドキ社員には無駄なことに映るでしょう。ＳＮＳやリモートなど、新しいテクノロジーを活用することも考慮すべきです。

もちろん、対面には対面のメリットがあります。表情や態度などをより細やかに見ることができ、状況判断の助けとなるでしょう。また、顔を合わせることで、より本音で話すこともできます。こうした目的を伝えて、数カ月に一度くらいは対面で面談するように理解を求めることも必要でしょう。

②リーダーのコミュニケーション能力不足

リーダー自身の話し方や聞き方のスキルが低く、表面的な話に終始していませんか？　また、質問スキルが低く、部下の本音や考えなどを引き出せない可能性もあります。

③上司と部下との関係性

上司と部下との関係が悪く、部下が自由に物を言えない雰囲気があるのかもしれません。それでは信頼関係が構築できていないため、本音のやり取りができません。

④面談環境が悪い

対面で面談を行うならば、場所にも配慮が必要です。社員食堂などのプライベートな空間が確保できていない場所、雑音がするなどの騒がしい場所、誰かが途中で割り込んでくる場所など、集中して面談できる環境が整っていないと、部下は踏み込んだ話をしにくく感じるでしょう。また、面談時間が十分に確保できていない可能性もあります。

⑤事前準備不足

面談には事前準備が必要です。テーマに基づいて、双方が必要な資料や根拠データなどをそろえて臨まないと、面談が有意義なものにならない可能性があります。

面談の目的を共有し、お互いを思いやり、適切な環境を整えることで、1on1はより建設的で生産的なものになるはずです。また、リーダーのコミュニケーション能力を高め、関係性を築く努力も大切です。

これで改善！ イマドキ社員との１on１ミーティング

イマドキ社員との対面での面談では、次のようなポイントに留意して行うとよいでしょう。

①インフォーマルな雰囲気づくり

イマドキ社員は、堅苦しさを好まない傾向があります。リラックスした雰囲気づくりが重要です。例えばビジネスカジュアルな服装、堅苦しくない言葉遣いなどを心がけ、インフォーマルな雰囲気を演出しましょう。

②テクノロジーを活用する

テクノロジーを上手に活用すると、彼らとのコミュニケーションが円滑になります。リモート面談やＳＮＳなどを活用するほか、プレゼンテーションにもタブレットや動画を取り入れるなどの工夫も有効です。

③目的とビジョンを示す

イマドキ社員は物事の意味や目的を重視する傾向があります。面談の最初に、1on1を行う目的を明確に示し、これから話す内容や時間などを説明しておくことが大切です。

④ストレートな言葉遣い

イマドキ社員は曖昧な言葉よりも率直で分かりやすい言葉を好みます。伝えたいことが明確に伝わる言葉遣いを心がけましょう。

⑤部下からフィードバックを求める

イマドキ社員は自分の意見を積極的に述べる傾向があります。そうした特徴を生かして、リーダーの伝え方が適切かどうか、彼らにフィードバックを求めてみてはいかがでしょうか。「分かりにくい」と言われたならば、他の表現に言い換えてみたり、例を出して説明を補足してみたり、相手に伝わりやすいコミュニケーションを心がけることが重要です。くれぐれも一方的に話すのは避けてください。

このように、イマドキ社員の特性を理解し柔軟に対応することで、建設的な面談が可能になります。

【事例４】よかれと思って外部研修に派遣したが……

リーダーは、若手社員Ｄさんに期待をかけています。Ｄさんには、今後リーダーとなってさらに活躍してもらいたいと望んでいます。

先日、たまたま外部企業主催の「リーダー研修」の募集があったので、よかれと思ってＤさんを指名し、派遣することにしました。

リーダー「Dさん、○○社が主催する『リーダー研修』が開催されるので、参加してきてくれないか」

てっきり快諾するだろうと思っていたのに、Dさんは下を向いてしまい、あまり乗り気ではないようです。

後日、研修から戻ってきたDさんに感想を求めましたが、曖昧な答えしか返ってきません。せっかく期待をかけて派遣したのに、がっかりしてしまいました。

原因分析

①研修内容と本人のニーズとのギャップ

イマドキ社員は成長意欲が旺盛です。研修内容が自分のスキルアップやキャリア形成につながるかどうかを重視します。勝手に研修内容を決められることには抵抗があり、研修内容と自分のニーズにギャップがあると、モチベーションが下がる恐れがあります。

②研修環境や研修方法への違和感

イマドキ社員は、対面による一方向の講義形式など、従来型の研修方法には違和感を覚える可能性があります。

また、彼らは自由で開放的な環境を好む傾向があります。研修会場が閉鎖的だったり、参加に当たっての制約が多かったりすると、集中力が続かない可能性があります。

③研修後のフォローアップ不足

研修後のフォローアップが不十分だと、習得した知識や技術を実践する機会が少なくなり、モチベーションが下がってしまう可能性があります。

これで改善！ イマドキ社員の研修派遣

①研修目的の明確化とニーズ合わせ

事前にリーダーが抱く期待を伝え、研修に参加する意義や目的を明確にして、部下に伝えておきます。その際、リーダー側の一方的な意見を押し付けるのではなく、彼ら自身のニーズとすり合わせることが大切です。本人のキャリア形成にどう役立つかを事前に説明し、研修参加のモチベーションを高めましょう。

②双方向のインタラクティブ（対話型）な研修内容

イマドキ社員は一方向の講義形式よりも、ディスカッション、グループワーク、実習など、インタラクティブな内容を好みます。能動的に関与できる研修を選ぶことが重要です。

③研修後の実践の場の用意

習得した知識や技術を実践する機会を設けることで、モチベーションを維持できます。上司や人事部門によるフォローアップも欠かせません。

このようにイマドキ社員の特性を理解し、彼らのニーズに合った工夫をすることで、外部研修を効果的に活用できるでしょう。

【事例5】本人に相談せず仕事量を増やした

昨年入社したEさんは、仕事の覚えが早くて優秀です。将来は社を背負って立つ人材だと見込んで、リーダーはどんどん新しい仕事を与えました。

ところが、仕事量が増えたにもかかわらず、Eさんは相変わらず定時に退勤する毎日です。後から知ったことですが、Eさんは退勤後に体力づくりのために毎日ジムに通っているそうです。

　Eさんは仕事が残っていても定時に帰ってしまうため、どんどん仕事がたまってい き、次第に業務に支障を来たすようになりました。Eさんのモチベーションは低下し、以前のように仕事の処理が進まなくなってしまいました。

これで改善！　イマドキ社員の仕事のレベルの上げ方

イマドキ社員の仕事のレベルを上げるためには、単にスキルアップの機会を提供するだけでなく、ワークライフバランスを考慮した取り組みが重要になります。

仕事とプライベートを両立しながらやりがいを持てるよう、会社全体での具体的な制度の整備と、リーダーによるマネジメントが重要です。

①柔軟な勤務体制への配慮
仕事を任せる時は、プライベートの時間を確保しやすいように配慮します。社内で制度化されていれば、在宅勤務やフレックスタイム制度、短時間勤務などを活用するとよいでしょう。

②適切な労働時間管理

イマドキ社員は、長時間労働よりも業務の効率化や生産性向上を重視します。彼らが定時退勤できるように、リーダーがフォローしてください。長時間労働をせざるを得ないような急な仕事は、極力与えないように心がけます。どうしても急な仕事を依頼せざるを得ない時は、他のメンバーの協力も要請しましょう。

③キャリア開発支援

キャリアビジョンを描けるように面談などを通じて支援することが大事です。その上で、スキルアップのための研修機会を提供しましょう。また、担当業務をローテーションし、適材適所を心がけます。

④休暇取得促進

年次有給休暇の計画的な付与のほか、リフレッシュ休暇の新設を検討したり、ワーケーション（休暇中、特に旅先でテレワークを行うこと）などの新しい休暇スタイルも検討したりしてみてください。

⑤上長のマネジメント力向上

ワークライフバランスの重要性をリーダーが理解し、部下の考えや価値観を尊重し柔軟に対応するよう、マネジメント力の向上を図りましょう。

【事例６】複数人に対して同時に仕事の説明をした

リーダーの職場には、この春、３名の新入社員が配属されました。まずは、業務で必要となる作業について、３名を集めて説明をしました。その場で作業をやって見せながら説明をし、それから、理解できたか、分からないことはないかなどを問いかけました。

３人からは特に質問がなかったので理解したものとみなし、続いて、各自で作業に取りかかるように伝えました。ところが、３人は教えたとおりに作業をすることができず、出来栄えも十分とは言い難いものでした。

リーダーは、「さっき説明したばかりだろう！　何やってんだ！」と、つい強い口調で叱ってしまいました。

原因分析

①3名同時指導による理解度の違い

各人の現状のスキルや知識が異なるため、同時指導では理解度にバラツキが生じます。その結果、一部のメンバーは理解できないまま取り残される恐れがあります。

②個別に質問する機会がない

同時説明の場合、個別に質問する機会が設けづらいため、一部のメンバーは分からないことを解消できずにいた可能性があります。

③相互学習の機会不足

説明後は一斉に作業をさせるのではなく、事前に3名それぞれが輪番で説明を受けたとおりの作業手順に沿って取り組み、相互に良かった点や改善点を指摘し合うなど、お互いから学び合う機会が不足していたかもしれません。

④作業への意欲を高める工夫の不足

単に作業手順を説明するだけでなく、作業の意義や目的をしっかり伝え、本人が真剣に教えを請おうとする気持ちになるよう、事前にモチベーションを高める工夫が不足していたかもしれません。

⑤教える側の説明力不足

イマドキ社員は理路整然とした説明を求める傾向があります。手順の説明が曖昧だったり、順序立ててなかったりすると、理解が進まない可能性があります。

これで改善！　複数のイマドキ社員への説明の仕方

複数人のイマドキ社員に作業手順を効果的に説明するためには、次のようなポイントに留意することが重要です。

①作業の意義を伝え、やる気を引き出す

事前に作業の意義や重要性を丁寧に伝え、やる気を引き出すことが大切です。

②ロジカルな説明を心がける

手順ごとに注意点などを含めて論理的に説明し、体系立った説明を心がけましょう。

③実践を通じて学び合う機会を設ける

リーダーが説明し、メンバーは話を聞くだけでなく、輪番で、実際に手を動かしながら作業できる機会（役割演習など）を設けます。そして、メンバー同士がお互いに良かった点や修正点などについて意見交換することにより、学び合える機会を設けます。

④質疑応答により理解を深める

作業手順が一区切りしたところで随時、質問を受け付けます。質疑応答を通じて理解を深めて、疑問点を残さないことが大切です。

⑤個別のフォローを心がける

３名同時指導では個人差を埋められません。各自の理解度に応じてきめ細かく対応するために、複数人への説明後、個別にフォローする時間を設けることが必要です。

このように、教えられる側のイマドキ社員の特性を踏まえた上で、一方通行の説明ではなく、質疑応答などの双方向コミュニケーションを通じた個別フォローへの配慮が重要です。

第４章

「この人についていこう」と思わせる信頼力

信頼力とは「信頼され得る能力」です。「他者に『喜んでついていこう』『素直に従おう』と思わせる力」と定義します。

1．真のリーダーになる

本書は「イマドキ社員のやる気を引き出す声かけ術」を紹介するものです。しかし、いくら上手に声をかけ、いくら正しいとされる褒め方をしても、リーダー自身がメンバーにとって信頼に足る人物でなければ、残念ながら、メンバーのやる気を引き出すことはできません。逆に、より警戒される可能性すらあります。それは、イマドキ社員であろうと、それ以前の世代の社員であろうと同様です。

では「信頼に足る人物」とはどのような人物像でしょうか？ 本章では、真のリーダーとして、メンバーから信頼を得るための具体的な方法を紹介します。

真のリーダーとは

一般的に、リーダーはチームや組織の長であり、部下を持つ立場の人です。「真のリーダー」は単なる立場としてのリーダーではなく、「メンバーが能動的に（納得して）、喜んでついて来てくれる人」、または「自身が導こうとする方向へ、メンバーを喜んでついて来させる人」を意味します。

　この大本は「信頼」です。つまり簡単に言うと、**真のリーダーとは「メンバーから信頼されるリーダー」**のことです。

　リーダーは、日頃の言動を通じてメンバーから信頼されることが大切です。信頼されているから真のリーダーシップを発揮できるのです。そして、信頼しているリーダーに動機付けられて部下もやる気が湧いてきます。

　やる気が湧いてくると、早く一人前に仕事ができるようになって組織に貢献したいという意欲が生まれます。また、自身のスキル

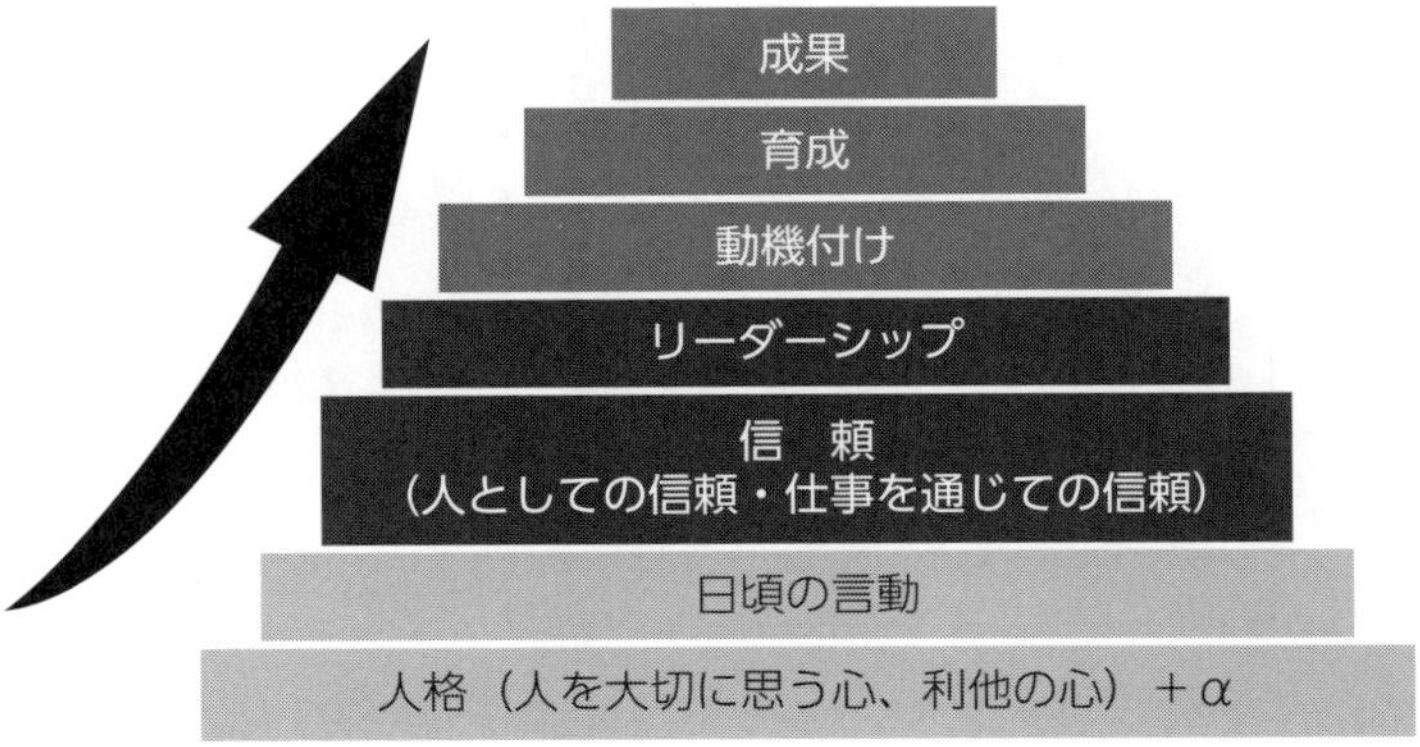

図 4-1　信頼がリーダーシップ発揮の源

をどんどん向上させようと努力します。その結果、早く仕事をマスターして成果を出すことができるようになります。

信頼の大本は「人格＋α」です。メンバーは、信頼するリーダーには喜んでついていきます。一方、信頼できないリーダーに対しては、メンバーは嫌々ながらついていく状態になります。

この「喜んで」と「嫌々ながら」には、ずいぶん大きな差があります。ハーバード大学で心理学を研究していたウィリアム・ジェームスによると「人はやる気の程度によって7割もの範囲で能力発揮度合いが違う」と発表しました（162ページ参照）。つまり、どんなに優秀な人材で

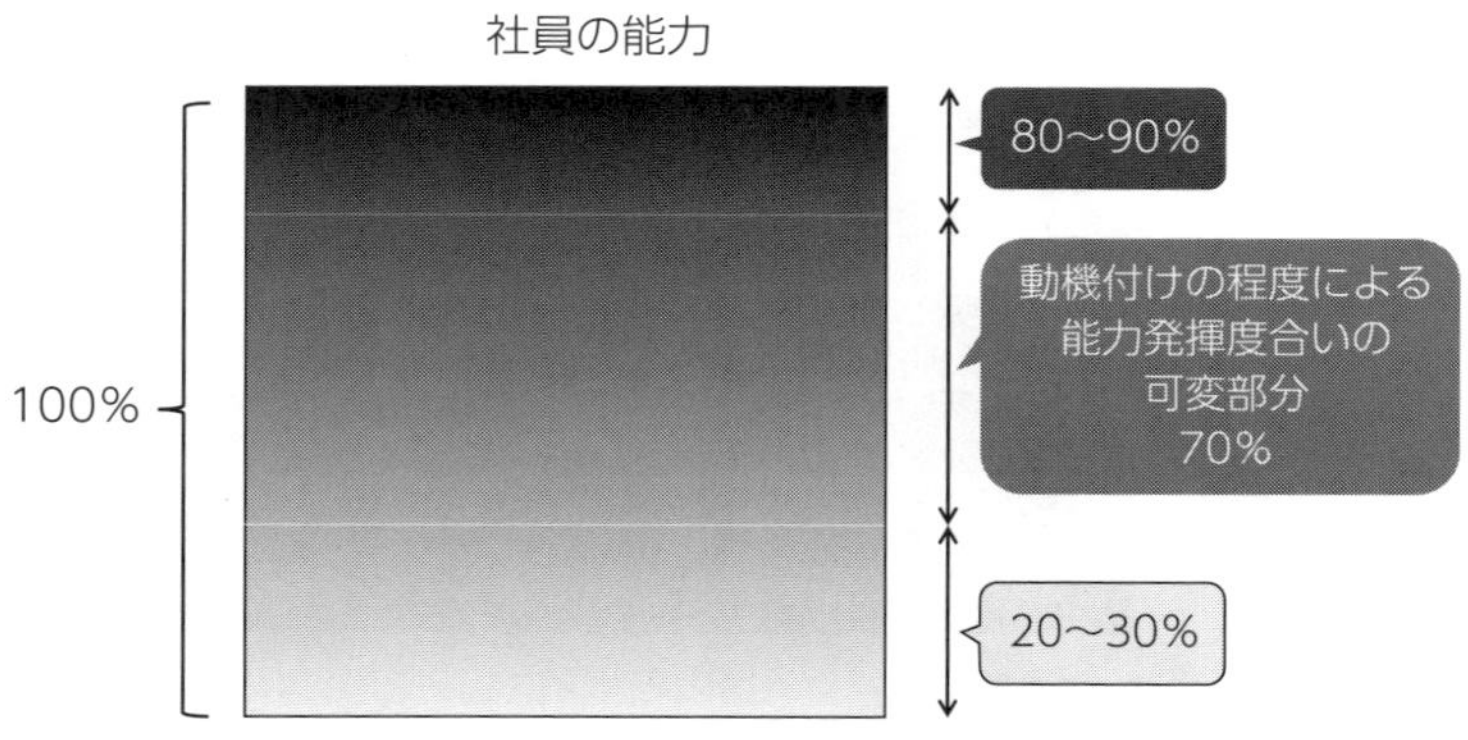

人は、やる気の程度により、約70%の範囲で能力発揮度合いが変わる

図 4-2 動機付けが業務遂行に及ぼす影響

も、やる気がない時の能力発揮度合いは3割以下だということです（図4-2）。これでは成果には結び付きません。

さあ、自問自答してみてください。「もし、自分が自分の部下だったら、自分はリーダーである自分に喜んでついていくだろうか？」

リーダーシップはフォロワーが決める

リーダーシップとは、二者以上が、お互いに影響を及ぼし合うことによって発揮されるものです。「セルフリーダーシップ」（自分自身に対するリーダーシップ）という言葉もありますが、一般的には、複数人の場合に、お互いの言動によって影響し合う時に発揮されるものです。

リーダーシップが発揮されたかどうかは、フォロワーがいるかどうかで決まります。複数人の間のやり取りで、相手の意見や考えに賛同して「よし、ついていこう」と思った方がフォロワーになります。そして「ついていこう」と思われた相手が、その時点でのリーダーであり、リーダーシップを発揮したことになります。ついてくる人がいなければ、リーダーシップは発揮されていません。ついていくかどうかはフォロワーが決めることです。

つまり、リーダーシップを発揮したかどうかはリーダーが決めるのではなく、ついてくる人、フォロワーが決めるのです。仮に、嫌々であってもフォロワーが従うと決めたのであれば、相手はリーダーシップを発揮したことになります。しかしそれは、真のリーダーシップではありません。そして、先述したとおり、嫌々従った場合はフォロワーのモチベーションが低下します。そのため、本人の能力がほとんど顕在化せず、成果に結び付くことも少なくなります。

シェアド・リーダーシップ

リーダーシップは「いつでも・どこでも・誰でも」発揮することができます。リーダーシップは、生まれつき備わっているものではありません。役職者だけに必要なものでもありません。全メンバーにリーダーシップが必要です。

「シェアド・リーダーシップ」という考え方があります。『シェアド・リーダーシップ チーム全員の影響力が職場を強くする』(石川淳著、中央経済社)によると、「職場のメンバーが必要なときに必要なリーダーシップを発揮し、誰かがリーダーシップを発揮しているときには、他のメンバーはフォロワーシップに徹するような職場の状態」と定義されています。

この理論ではメンバー全員にリーダーシップがシェアされ得ることを前提にしています。したがって、リーダーシップは1人のリーダー的な立場の人だけが発揮するものではないということです。

２０２３年ＷＢＣ（ワールド・ベースボール・クラシック）で日本は優勝しました。当時の監督は、栗山英樹氏でした。栗山監督が掲げた「全員がキャプテン」（監督の指示を待つのではなく、信頼関係の中で自らが責任を取ろうとし、勝つために仕事をする）という考え方は、シェアド・リーダーシップです。

代表合宿がスタートする日に、栗山監督は30人の選手全員に手紙を書きました。

「あなたは日本代表チームの一員なのではなく、あなたが日本代表チーム。要するに、自分のチームだと思ってほしい」

栗山監督は「全員に『このチームは俺のチームだ』と思ってやってほしかった」と述べています。

さらに思い出すのは、帝京大学ラグビー部です。当時の岩出雅之監督の下、２００９

年～2017年まで前人未到の9連覇を果たしました。同ラグビー部も同様、「全員がリーダー」として、その時々に各自がリーダーシップを発揮して、素晴らしい成績を上げ続けました。

リーダー1人の力に頼るには限界があります。また、「俺についてこい！」式ではメンバーは考えなくなり、やらされ感も生じてきて、モチベーションも高まりにくくなります。これからの組織やチームに望まれるのは、**その都度、1人ひとりがリーダーだという意識を持ち、自分で考え、他のメンバーを巻き込みながら、全員の力を結集していくこと**ではないでしょうか。

リーダーシップは経験から学ぶ

リーダーシップは、学習と経験を通じて正しく身に付けるものです。名リーダーといわれる方からも学ぶことができます。

アメリカのリーダーシップ研究機関であるロミンガー社は、経営幹部としてリーダーシップを発揮している人を対象に「リーダーシップをうまく発揮できるようになった要因は何か」を調査しました。その結果、**日常の仕事経験（修羅場、場数など）が70％、上司・**

先輩からの薫陶（人徳・品位などで人を感化し、良い方向に導くこと）が20％、10％が研修（違った視点や知識を習得する機会）でした。これを「**ロミンガーの法則**（70：20：10の法則）」といいます（図4-3）。

私も過去にさまざまなリーダー経験をしてきました。京都で学生時代を送っていた頃は、3回生時、部員数100名超を有するクラシック・ギタークラブの部長を1年間務めました。通年行事のほか、創部以来初の大阪府吹田市の大学との「ジョイント・コンサート」（共同演奏会）を開催したり、名古屋への演奏旅行を企画・実施したりしました。

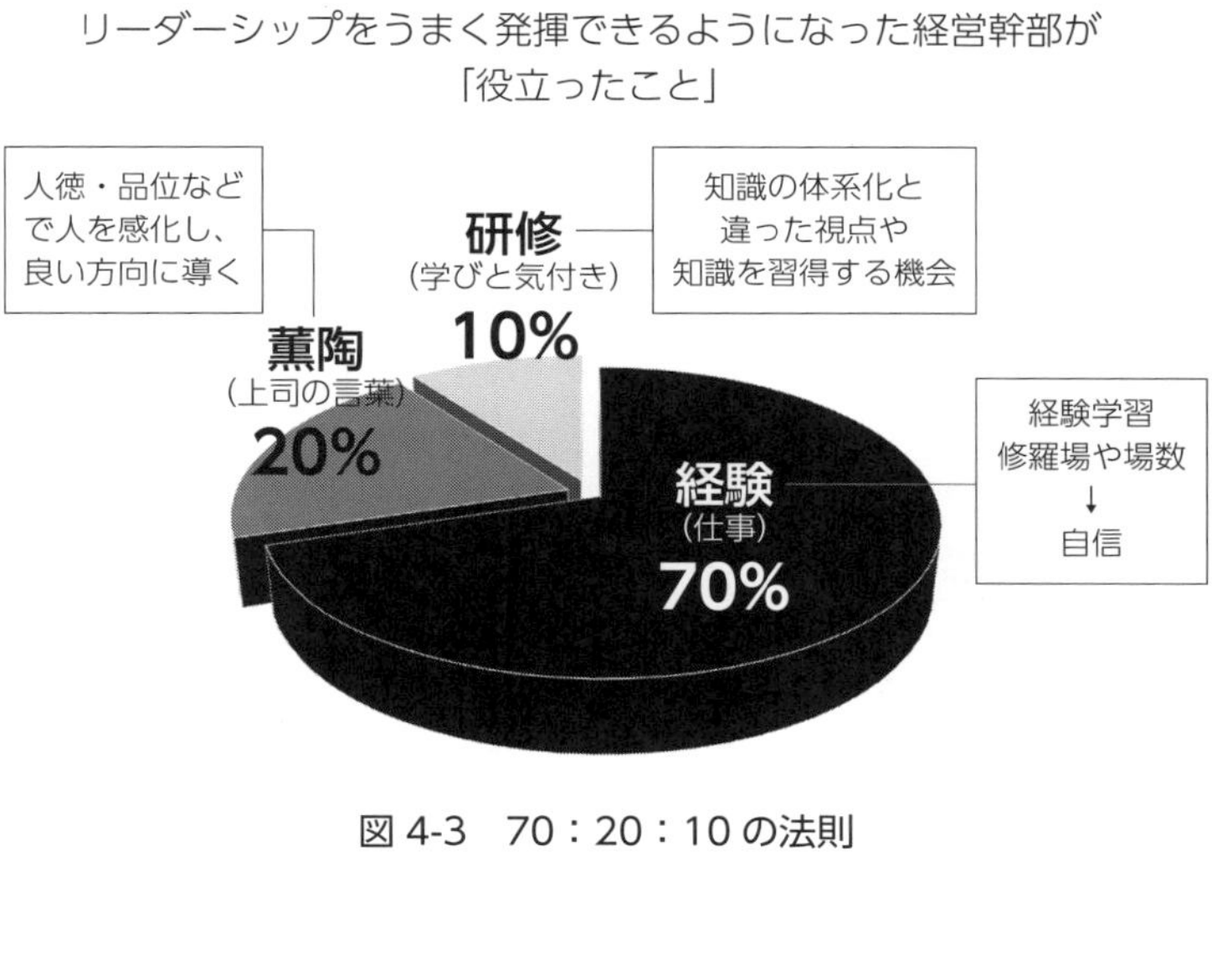

図4-3　70：20：10の法則

大学卒業後は大手小売業に入社し、部下を持つ立場を約17年間経験しました。その間に経験した大きな出来事を2つご紹介しましょう。

一つ目は、入社6~7年目に経験したものです。会社の創業25周年記念行事の一環として、「洋上大学」の企画・運営責任者を任されました。「オレンジ洋上大学」では、神戸港を出発して中国・天津まで船で行き、天津から北京までは陸路を往復するもので、計9泊10日の旅だったと記憶しています。

企画・準備に当たっては、分からないことばかりでした。しかし、コースは違うものの、20周年の際に同様の行事が実施された実績があったため、当時の資料を読み漁って準備を進めたものです。

企画・準備に約1年かかり、実施日の1~2カ月前には数十人の事務局を招集し、グループごとに担当を決めてグループリーダーを中心に運営の準備を進めていきました。こうした事前準備が実を結び、無事に神戸港に着岸した際には、上司と握手し、涙を流しながら喜びを分かち合ったものです。

もう一つの大きな出来事は、2大新規事業の立ち上げです。私は39歳の時に、旧ツインドームシティ（福岡ドーム・ファンタジードーム〈ドーム型アミューズメントパーク〉・シーホークホテル）事業に、総務・人事部長（後に人事部長→管理本部長）として異動しました。ちょうど地鎮祭が行われた直後、敷地内に2階建てのプレハブ小屋が建っているだけの福岡の事務所に着任しました。

当時の私は、前任の教育課長時代にアセスメント体系の構築や「『単位制』試験制度」の構築などを担当したものの、基本的には人材育成の業務しか経験したことがありません。しかし、すでに採用されていた福岡ドーム（現みずほPayPayドーム）のプロパー社員が1週間後には入社予定です。そのため、着任後に慌ただしく入社式の準備や研修などの準備を行い、さらに、1カ月後には給料を支給しなければなりません。本社スタッフに問い合わせたり、人事業務全般の勉強をしたりして、何とか対応に当たりました。

その後、総務業務である警察署、消防署、市役所などへの対応や取締役会、株主総会など、初めての経験ばかりが続きました。2年後（1995年）に福岡ドームが開業しましたが、並行して、その2年後（1997年4月末）にシーホークホテルの開業が控えていましたので、福岡ドームの運営をしながら、引き続きホテルの開業準備にも取り組みました。会社の本業は小売業なのです。ドームやホテルについての知識が全くないところからのスタートでした。

今、振り返ると数々の修羅場を経験したおかげで、会社勤務時代の23年間は、今の私の仕事に大きな影響を及ぼしています。改めて、これらの経験をさせてもらったことに感謝します。

また、名リーダーから学んだことも少なくありません。その1人が、元京セラ名誉会長である稲盛和夫氏です。

2022年8月に亡くなられた稲盛和夫氏は、京セラ、第二電電（現KDDI）を創業し、日本航空をV字回復させた立役者です。私も当時、盛和塾（中小企業経営者の「稲盛哲学」の学びの場。稲盛氏は「塾長」としてボランティアにて参加。2019年末に閉塾）に入会しました。そこで稲盛哲学に多大な影響を受け、稲盛哲学を継続学習しようとの思いと、親しい経営者にも一緒に学んでもらおうという気持ちから「稲盛哲学を学ぶ会」を立ち上げ、現在も継続中です。

他にも稲盛哲学の教材の中には、仏教や中国の古典がたびたび登場します。当時、勉強不足を痛感した私は、稲盛氏も学んだと思われる中国の古典――大学、中庸、論語、易経、菜根譚、貞観政要、書経、老子など――を、自身の人格形成の一環として学び続けました。

特に、「論語」と「易経」は今でも繰り返し継続して学んでいます。まだ完全にマスターできたとは言えませんが、今でも稲盛哲学や「論語」「易経」で学んできたことが時々頭に浮かび、自身の行動を律することに役立っています。

信頼されないリーダーの条件～人柄・人格の問題

ここまで、「真のリーダー」はメンバーから信頼され、フォロワーがついてくるものだと説明してきました。では、メンバーから信頼されないリーダーの特徴についても考えてみましょう。

①誠実さに欠ける

リーダーの言うことと行動が矛盾していると信頼を失います。約束を守らない、部下にうるさく言う割に自分は平気で規則を破る、虚偽の発言やうわべだけの対応をするなどの不誠実な態度です。

言行不一致なリーダーは、メンバーから信頼されることはありません。特に、高い倫理性と正直さを期待するイマドキ社員からは、そうしたリーダーは強い反発を受けるでしょう。

②上から目線で接する

すぐに威張りたがり、上から目線で一方的な指示や命令を与え、部下の意見を無視するような態度です。例えば「もうすぐ人事異動の季節だね」と含みのある発言をしたり、これみよがしに「俺は○○長だ」と高圧的な態度を取ったりするなどが挙げられます。

イマドキ社員は上下関係よりも対等な関係を重視します。リーダーが一方的に命令を下しても、それに納得することはあり得ません。従って、リーダーには民主的でオープン、平等主義的な「横から目線」での対応が求められています。

③失敗を他人のせいにする

部下を自分の出世の手段、足場に使います。自身の失敗や間違いについて責任を取ろうとせず、他者や環境のせいにする一方で、成功は自分の手柄にしようとします。以前、TBSテレビで放送されたドラマ「半沢直樹」で、俳優の香川照之氏演じる大和田常務が「部下の手柄は上司のもの、上司の失敗は部下の責任」というセリフを口にしていましたが、まさにこのパターンです。

責任転嫁は嘘《うそ》やごまかしにつながります。そして、責任を転嫁して自身の非を認めないリーダーの姿勢は、メンバーから猛反発を受けることになります。

④対話不足、説明力不足

部下との対話が足りておらず、意思疎通が不十分。また、リーダー自身の考えをメンバーにうまく説明できないケースです。

イマドキ社員は、対話を重視します。さらに、意思決定プロセスの透明性を求め、十分な情報開示とわかりやすい説明を期待します。リーダーがコミュニケーションを怠り、対話が不足していると、彼らからの不信感や反発を招きかねません。１on１など定期的な対話の機会を設け、十分な情報共有と双方向のコミュニケーションが不可欠です。

⑤変化や革新に頑なに抵抗する

テクノロジーに疎く、新しいことを受け入れられずに従来通りの発想や手法にこだわるケースです。

イマドキ社員は、既存の価値観や体制に疑問を持ち、社会の変革を望む傾向があります。また、デジタル化にも慣れ親しんでおり、新しいテクノロジーや革新的なアイデアに対する受け入れ態勢が整っています。旧態依然としたやり方や考え方には批判的になりがちです。

⑥部下の成長を阻害する

部下に能力開発の機会を与えない、挑戦を認めず活躍の場を設けない、といった態度です。

イマドキ社員は、仕事を通じた成長を強く望んでいます。新しいことへの挑戦を渋り、成長の機会を与えないリーダーは、強い反発を受けるでしょう。リーダーには部下1人ひとりの成長を後押しし、公平な機会を与える姿勢が求められています。

⑦私利私欲が先行する

チーム全体や他者の利益よりも自分の利益を優先する、いわゆる「我利我利亡者」です。リーダーの私利私欲が先行すれば、意思決定の公正さが揺らぎ、不信感を招きます。また、自分の利益しか考えていないリーダーの態度はイマドキ社員の価値観に反するため、強い反発を受けることになります。リーダーには他者およびチーム全体の利益を第一に考える利他の心が求められます。

⑧多様性を軽視する

性別、年齢、人種、出身地、価値観などの違いを認めず、排他的で偏った物事の捉え方をするさまです。そうした考え方は、例えば「女のくせに」「君たちの考えは間違っている。私の言うとおりにやっていればいいのだ」といった発言に表れます。

世界経済フォーラム（ＷＥＦ）が発表した「２０２４年ジェンダー・ギャップ指数」（男女平等の実現度合いを数値化したもの）によると、日本は調査対象となる１４６カ国中、１１８位という結果でした。過去最低だった前年の１２５位より7位上昇したものの、主要国と比べると管理職に占める女性の少なさが目立ち、不平等の解消は道半ばです。

リーダーは多様性を認め、受け入れる度量が求められています。

⑨上ばかり気にしている（ヒラメ上司）

ヒラメは、海底で生活しているため、その両目は常に上を向いています。絶えず上役の機嫌をうかがって媚《こ》びへつらい、部下のことはまるで眼中にない上司は「ヒラメ上司」と揶揄《やゆ》されます。トラブルがあると責任を部下に押し付けることもあります。もしあなたがヒラメ上司なら、きっとチーム内の仕事は捗《はかど》らず、部下のストレスはたまる一方でしょう。

⑩相手により、物の言い方や態度を変える

リーダーが一部の人を優遇したり、二枚舌を使ったりすると、不誠実で信頼できないと映ります。イマドキ社員は、リーダーに対して、一貫した公正な態度を期待しています。相手の立場や状況に合わせて、適切な配慮や気遣いをすることは重要です。そして、全員に公平に接することが求められます。

ここで挙げた10項目のような態度や言動を見せるリーダーは、部下からの信頼を失い、やがてはチームの活力を失わせることになるでしょう。

2．リーダーシップの大本は「信頼力」

信頼力の特徴

「信頼力」は、日々の＋（プラス）と－（マイナス）の信頼行動の積み重ねにより高低し、マイナス１００からプラス１００まで点数化することができます。

信頼力は都度変動します。また、日々の言動の内容には、信頼力が高いものから低いものまであり、その高低は相手の受け取り方に応じて差が生じます。つまり、リーダーの信頼力の高低はメンバーが決めることになります。

さらに、信頼力の高低はリーダー自身の人格形成にも多大な影響を及ぼします。立派な人格を形成するためにも、リーダーは潜在意識に透徹するまでプラスの言動を意識的に継続実践し、習慣化しなければなりません。

では、信頼力の特徴を詳しく見ていきましょう。

①マイナス１００からプラス１００まで点数化できる

稲盛哲学の中に「人生・仕事の結果＝考え方×熱意×能力」という有名な公式があり、熱意や能力は点数化できるとされています（１６３ページで詳述）。同様に、信頼力も「マイナス１００～プラス１００」で点数化できるのではないかと考えました。厳密に考えれば、マイナスもプラスも無限大なのかもしれません。メンバーから信頼される言動はプラスで、信頼されない言動はマイナスです。その合計が、その時点でのリーダーの信頼力となります。

②日々のプラスとマイナスの言動の積み重ねによる

信頼力は日々の信頼される言動と信頼されない言動の積み重ねによって決まります。ある瞬間の言動だけを切り取って数値化されるものではありません。

③得るには時間を要するが、失うのは一瞬

信頼力は、階段を一歩ずつ上るように、時間をかけて築いていくものです。しかし、信頼を失う時は一瞬です。その言動の程度にもよりますが、信頼を築くのに要した時間は関係なく、あっという間に失うものです（図4-4）。

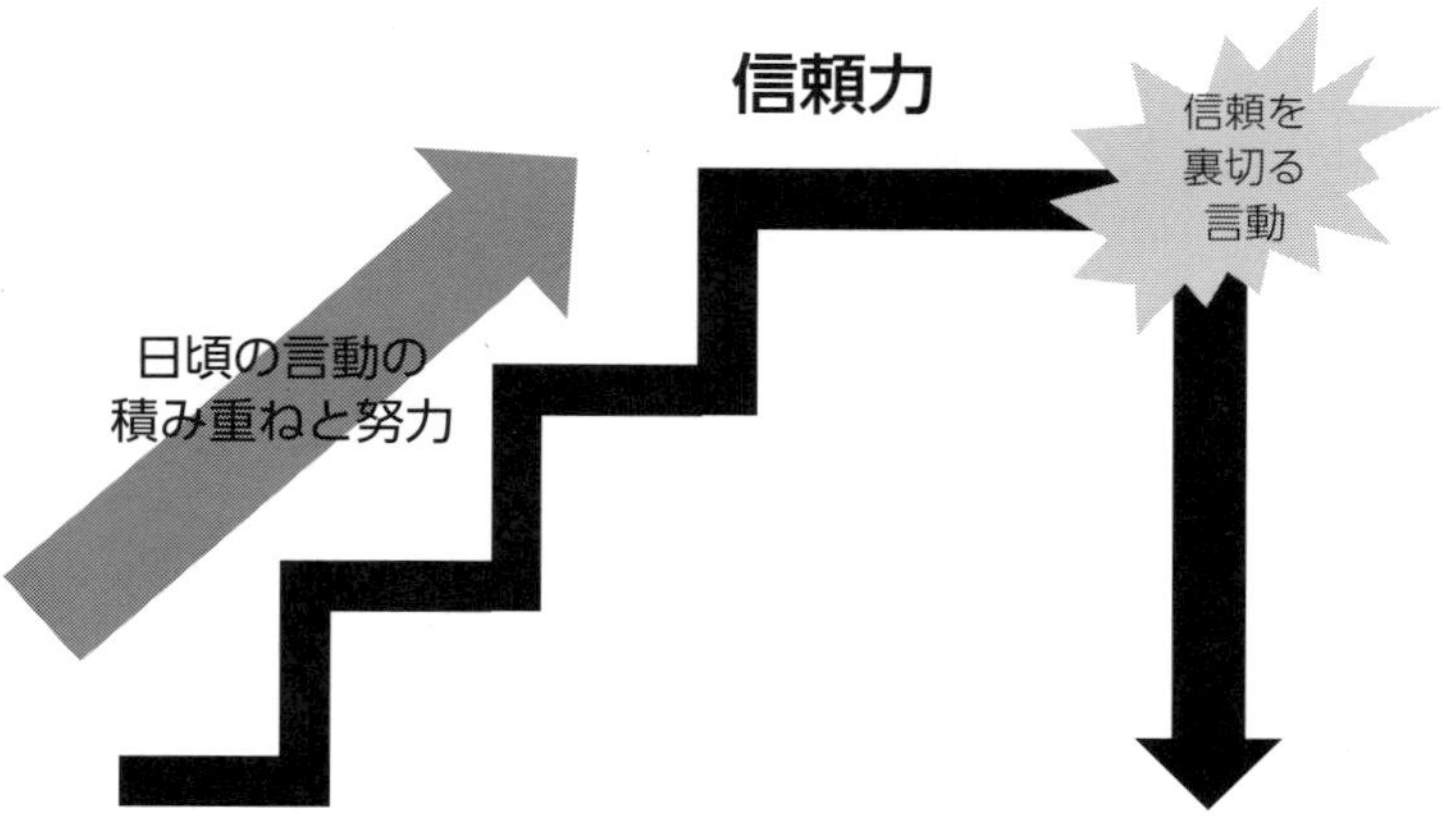

リーダーシップは、信頼力の度合いで決まる

図 4-4　信頼力の特徴

④都度、変動している

リーダーとメンバーが接点を持つたびに、その都度、メンバーがリーダーの言動をどう受け取るかによって、信頼力は変動します。

⑤日々の言動に「低いものと高いもの」「マイナスとプラス」がある

メンバーの受け取り方にもよりますが、リーダーの日々の言動には、信頼力の点数が低いものと高いものがあります。また、点数がマイナスのものとプラスのものもあります。

⑥日々の言動の高低は、各自の受け取り方により差が生じる（点数に相違がある）

日々のリーダーの言動は、メンバーそれぞれによって受け取り方が一律ではなく、相違が生じます。つまり、信頼力の点数には差が生じます。

⑦信頼力の高低は、「人格」形成にも影響する

マイナスな言動とプラスの言動の合計である信頼力は、リーダー自身の人格形成にも影響を及ぼします。

⑧立派な人格を形成するには、プラスの言動を意識的に継続し、習慣化させなければならない（潜在意識に透徹させる）

立派な人格を形成するには、潜在意識に透徹させて習慣化しなければなりません。そのためには、無意識にプラスの言動が取れるようになるまで、意識的・継続的にプラスの言動を積み重ねていかなければなりません。

「信頼力」の構造

真のリーダーシップを発揮するための「信頼力」は、3本の柱から構成されています。まず、一つは「人格」（人間としての個人の在り方）です。2つ目は、「力量」（態度・能力・スキル・知識）です。3つ目は、「結果」（過去の実績、成果）です（図4-5）。

これを花や木に例えると、人格は、花や木を支えるために地中にあるしっかりした根のようなものです。従って、最も重要なものは人格です。いくら能力やスキルが優れ、知識が豊富であっても、人格が悪ければ信頼されませんし、メンバーが喜んでついてくることもありません。

次に、力量は太い幹に例えられます。幹も細くては大きな枝葉や花を咲かせることはで

	【項目】		【要素】		【具体的行動】
信頼力	人格	個人の人間としての在り方	誠　実	(偽りがなく、真心を込めて相手・物事に対するさま)	誠のない嘘をつかない、正直、人の陰口は言わない、ごまかさない
			一貫性	(意図と行動が同じ≒言行一致)	言動に一貫性がある、有言実行
			謙　虚	(驕ることなく控えめでつつましく、へりくだっている)	自慢することはない、常に他人や物に感謝している(おかげさま)
			利他的	(自分のことより、他人の利益になるよう図ること)	思いやり(他人の身の上や心情に心を配ること)がある、親切、丁寧な対応、共感
			真面目	(いい加減ではなく、真剣であり本気である、約束を守る)	何事においても真剣に取り組んでいる、約束事・期限・期日などを確実に守る
			公　平	(全ての物や人を同じように扱うこと。判断や処理などが、偏っていないこと。)	えこひいきしない、偏った判断をしない、バランス感覚がある
	力量	態度・能力・スキル・知識	情熱的	(物事を何としてでもやり遂げようとする熱意のある態度)	執着心が強い、諦めない、成功するまで挑戦し続ける、継続性
			プラス思考	(物事を肯定的に考える傾向)	明るい、自信がある、楽観的、気分にムラがない
			責任性	(自分の役割を自覚し、任務を最後までやり遂げようとする姿勢)	丁寧に教えてくれる、メンバーへの適時・適切なフォロー、気軽な声かけ、報連相励ます、褒める、気軽に相談に乗ってくれる、話しやすい、最終責任を負う
			率先垂範	(人の先頭に立って物事を行い、模範を示すこと)	先手で挨拶(笑顔)、嫌なことを引き受けてくれる(トイレ掃除など)言われる前に先に実行している
			傾　聴	(相手の言わんとすることを聞き取ろうと耳を傾けて熱心に聴く)	熱心に話を聴いてくれる
			専門スキル・知識	(専門スキル=専門技術)(知識=業務を進めていく上で、必要な一般知識、業務知識他)(仕事ができる)	仕事が正確で速い、専門知識が豊富、専門スキルが高い、物知り、有能
	結果	実績	過去の実績		優れた実績がある、結果を出す

図 4-5　信頼力構造図

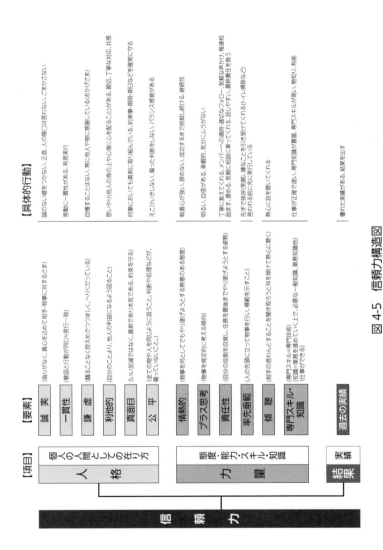

きません。結果は、葉や花です。根や幹に支えられて葉が生い茂り立派な花が咲くのです。人間も同様に、人格と力量によって素晴らしい成果を上げることができるようになるのです（図４-６）。

人格は「誠実、一貫性、謙虚、利他的、真面目、公平」の６項目で構成されています。力量は「情熱的、プラス思考、責任性、率先垂範、傾聴、専門スキル・知識」の６項目です。そして結果は「過去の実績や成果」です。

つまり、「信頼力＝人格＋力量＋結果」という公式で表すことができます。人格、力量、結果のレベルが向上すると信頼力も向上します。リーダーの皆さんも信頼力に関する自身の課題を設定し、一つひ

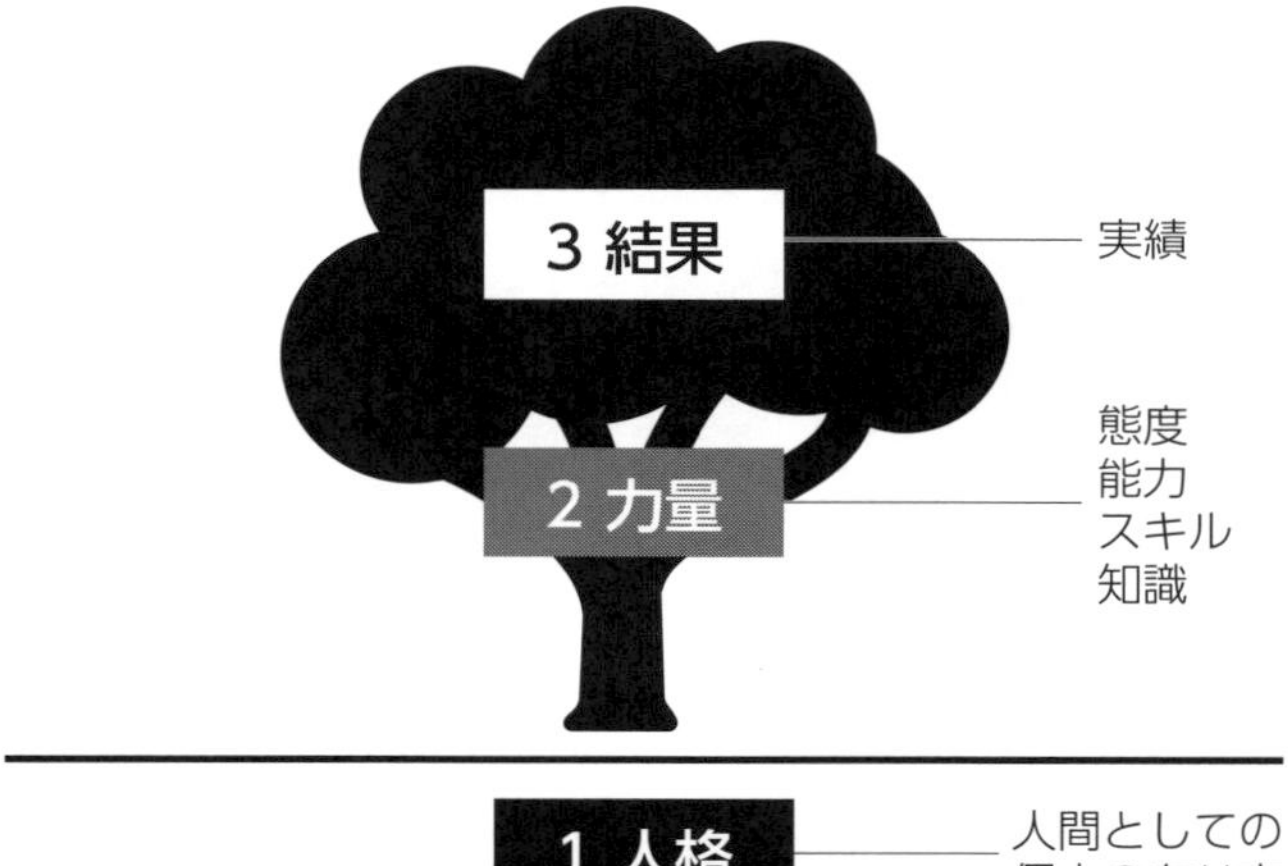

図 4-6　信頼力を構成する「3 つの核」

とつ着実に実行することにより信頼力を高めていってはいかがでしょうか。

信頼力を身に付ける手順

信頼力を高める手順①〜⑤を説明します。

①127〜128ページ「信頼力セルフチェックリスト」（図4-7）を使ってセルフチェックを行い、スコアを「レーダーチャート」（図4-8）に記入して、自身の課題を認識する。

②129ページ「信頼力評価表」（図4-9）の項目欄に以下の手順で記入する。

i. 信頼力構造図やこの本の内容などから課題についての具体的行動を選択する。

ii. 自身が選んだ具体的行動について自己評価（点数化）をする。

iii. 同様に、上司の評価（点数化）をしてもらう。

iv. 周囲のメンバーを選び、同項目について他者評価をしてもらい点数化する（対象メンバーの合計点数÷人数）。

③3カ月～半年間、意識的にその課題をクリアできるよう、具体的行動を継続・実践する。

④期末には、再び②のとおり信頼力評価を活用して自身の点数化と他者からの点数化を行い、成果と、さらなる課題を確認する。

⑤以上の①～④を継続する。

信頼力セルフチェックリスト

要素		具体的行動	点数
人格	誠実である	・誠のない嘘をつかない　・正直 ・人の陰口は言わない　・ごまかさない	／5 点
	一貫性がある	・言動に一貫性がある　・有言実行	／5 点
	謙虚である	・自慢することはない ・常に他人やモノに感謝している（おかげさま）	／5 点
	利他的である	・思いやり（他人の身の上や心情に心を配ること）がある　・親切 ・丁寧な対応　・共感	／5 点
	真面目である	・何事においても真剣に取り組んでいる ・約束事・期限・期日などを確実に守る	／5 点
	公平である	・えこひいきしない　・偏った判断をしない ・バランス感覚がある	／5 点
能力	情熱的である	・執着心が強い　・諦めない ・成功するまで挑戦し続ける ・継続性がある	／5 点
	プラス思考である	・明るい　・自信がある ・楽観的　・気分にムラがない	／5 点
	リーダーとしての責任性がある	・丁寧に教える ・メンバーへの適時・適切なフォロー ・気軽な声かけ　・報連相　・励ます ・褒める　・気軽に相談に乗る ・話しやすい　・最終責任を負う	／5 点
	率先垂範している	・先手で挨拶（笑顔） ・嫌なことを引き受ける（トイレ掃除など） ・言われる前に先に実行している	／5 点
	傾聴できる	・熱心に話を聴く	／5 点
	専門スキル・知識が豊富である	・仕事が正確で速い ・専門知識が豊富 ・専門スキルが高い　・物知り　・有能	／5 点
結果	過去の実績	・優れた実績がある　・結果を出す	／5 点

合計＿＿/65 点　達成率＿＿＿%（点数 ÷ 65 × 100）※小数点第 2 位を四捨五入

図 4-7　信頼力セルフチェックリスト

レーダーチャート

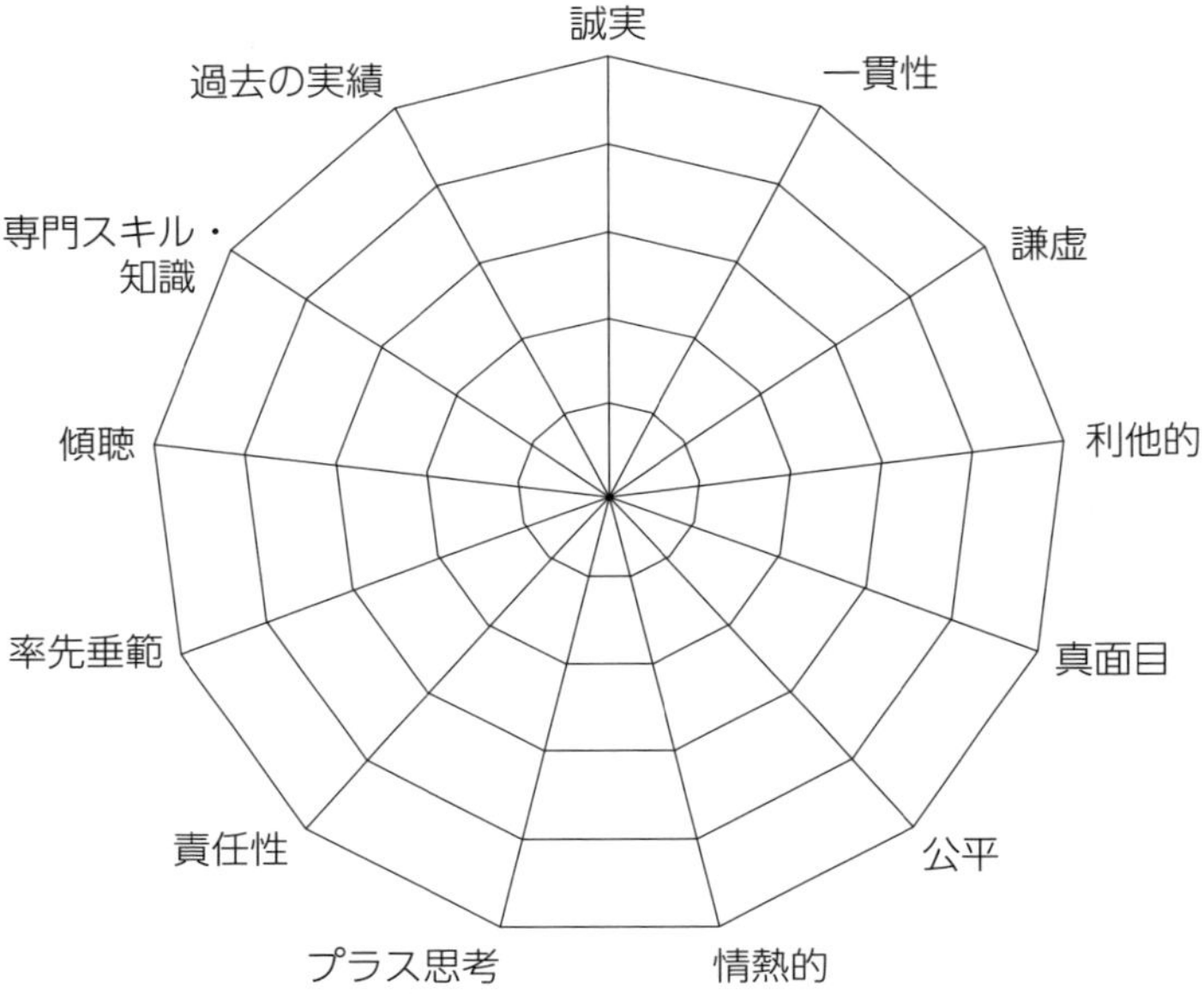

上記の自己診断の結果、あなたの信頼力を向上するための課題は何ですか？

図 4-8　レーダーチャート

信頼力評価表

所属		役職		氏名	

（1. 全くできていない　2. あまりできていない　3. どちらでもない　4. できている　5. 大変よくできている）

信頼される具体的行動	期首（　　年　　月）			期末（　　年　　月）		
	本人	上司	部下・後輩	本人	上司	部下・後輩
1						
2						
3						
4						
5						
6						
7						
合計点		①	②		①	②

注）②部下・後輩の評価点については、「合計点数÷人数」＝平均点
＊小数点第 2 位四捨五入

図 4-9　信頼力評価表

3. 信頼を厚くする具体的行動【人格編】

信頼力で最も重要なものは「人格」です。人格を形成する柱となるのは、次の６つの項目です。

（1）誠実である
（2）一貫性がある
（3）謙虚である
（4）利他的である
（5）真面目である
（6）公平である

本節では、それぞれの具体的な行動例を示し、併せて「やむを得ず反対の行動を取る場合」と「絶対そうでなくてはいけない場合」も含めて解説していきます。

誠実である

誠実さとは、「偽りがなく、真心を込めて相手・物事に対するさま」です。誠実さは、信頼の大本です。組織やチームの雰囲気・風土は、そのチームの「リーダー（インフォーマル・リーダーを含む）」で決まります。不誠実な上司の下では、部下も育ちません。組織のリーダーである管理・監督職に登用する際には、人格に重きを置き、信頼力にとっての必要十分条件である「誠実さ」をもっと重視すべきだと考えます。

部下から信頼される真のリーダーを目指すためには、誠実かつ正直であることが絶対条件です。自分の利益のために部下を利用したり、公私にわたり嘘をついたりだましたりするようでは、誰からも信用・信頼されません。さらに言えば、真面目に物事に取り組まない不誠実な人も、人の上に立つ資格はありません。また、人としても尊敬されることはないでしょう。

中小・零細企業などの場合、誠実さに少し欠けているけれどもどうしても登用せざるを得ない場合には、「○○代理・代行」などの役職に付けてお試し期間を設けてはいかがでしょうか。または、係長や主任のままで一つ上の責任を任せてみるなどして、役割に見合った誠実な行動を取れるか、誠実さを育めるかなどを確認してみましょう。

次の「①嘘をつかない」と「②正直である」の意味はよく似ています。①は「消極的誠実さ」「相手に対すること」で、②は「積極的誠実さ」「自分の心に対すること」などとする説もあります。

①嘘をつかない

イソップ寓話の一つに、皆さんよくご存じの「狼と羊飼い」があります。羊飼いの少年が、退屈しのぎに「狼が出た！」と嘘をついて騒ぎを起こします。大人たちはだまされて、武器を持って駆けつけますが、嘘だと分かり徒労に終わります。そして、少年がその後も何度か繰り返し嘘をついた結果、本当に狼が現れた時に大人たちは信用せず、誰も助けに行かなかったため、少年は狼に食べられてしまいます。

この寓話の教訓として「人は嘘をつき続けると、たまに真実を言っても信じてもらえなくなる。常日頃から正直でいることで信頼され、本当に必要な時に他人から助けを得ることができる」ということが分かります。

〔やむを得ず「嘘をつく」場合〕

新商品の発表前、部下の昇進や昇格の内示があった時、会社の新規事業が公表される前、他のメンバーのプライベートに関することなどで嘘をつくのはＯＫ。

〔絶対「嘘をついてはいけない」場合〕

指示した作業が期限までに終了しないと推測される時、リーダー自身が「私は失敗した経験がない」などと言うのはＮＧ。

②正直である

正直とは「**心が素直で清らか、偽りがないこと**」です。嘘をつかない、ごまかさない、人の悪口や陰口は言わない。どんなに知識が豊富で、能力が高くても不正直な人を他人は信用・信頼しません。しかし、「嘘も方便」という言葉もあるように、相手のためになる嘘、つまり「誠ある嘘」はついても構いません。

一方、「正直者が馬鹿を見る」（ずる賢い者はうまく立ち回って得をするが、正直な者は秩序や規則を守るために、かえって損をする）という故事もあります。しかし、正直者は、お金では買えない信頼を得ることができます。信頼される人になるためには、「正直さ」は絶対に必要不可欠な条件です。

〔やむを得ず「正直ではない」場合〕
リーダーの上司から部下に対するマイナス評価を受けた時、会社からの悪い情報（ボーナスカット・減給・リストラ）など、すぐには伝えてはいけない場合は正直でなくてもよい。また、部下に自信をつけさせるために、仕事ぶりについて少しだけオーバーに褒めるなどはＯＫ。

〔絶対「正直でないといけない」場合〕
自身が犯したミスや失敗、１日の営業訪問件数などの実績、全ての業務報告の内容などについて嘘をつくのはＮＧ。

③人の陰口は言わない
マイナス情報は、人を介して伝えてはいけません。リーダーがメンバーから信頼されていない場合、チーム内では陰口や内輪もめ、中傷などがはびこってくるようです。リーダー自身が部下の陰口を言うようではなおさらです。
「人の口に戸は立てられぬ」（人が噂をするのを、止めさせようとしても止めさせることはできない、の意）とはよく言ったものです。不思議なくらい「陰口」は必ずと言ってよいほど回りまわって本人に伝わるものです。しかも当初より内容が増幅されている可能性があります。

そして、第三者から間接的に自分の悪口を耳にした人は、非常に不愉快に感じるとともに、陰口を言った張本人が分かれば、その人に対してかなりの嫌悪感や憎悪が生じることになります。

もし仮に、あなたは悪気がなくても、本人のいないところでその人についてのマイナスな発言や指摘をすれば、これすなわち悪口、陰口になります。他人や部下の悪口、陰口は絶対言わないに限ります。直接伝えた方がまだ良いです。一流のリーダーは決して人の悪口、陰口は言わないものです。

ある会社では、次のような出来事がありました。その会社では、課長と係長の関係が悪く、派閥もできています。しかも、インフォーマル・リーダー（リーダーシップの強い一般社員）もいますので、組織内の人間関係は余計に混乱して、ギスギスしています。

ある時、インフォーマル・リーダーＡさんが、後輩Ｂさんのお客様への接し方に疑問を持ちました。そこで、Ｂさんの指導係である先輩社員Ｃさんに指摘をしました。

「先日、Ｂさんの接客姿を見ました。元気がなく暗い感じに思えたけれど、大丈夫なの？」

Ａさんは、あくまで客観的な意見としてＣさんに指摘したつもりでした。ところが、それを聞いたＣさんは、Ｂさんに直接こう言ったのです。

「Ａさんが、あなた（Ｂさん）の接客の仕方が悪いと言っていたよ」

確かに、客観的に見てＢさんの挨拶や接客態度は指摘されても仕方がないレベルだったかもしれません。しかし、間接的にマイナス情報を本人に伝えたことによって、Ａさんの真意とはかけ離れたものとしてＢさんに伝わってしまったのです。

Ｂさんは Ｃさん経由で話を伝え聞いて、自分自身の接客態度を反省するどころか、Ａさんに対して嫌悪感を抱くようになりました。結果、ＡさんとＢさんの人間関係は悪化し、冷戦状態となってしまいました。

情報は、人を介して伝えられると「歪曲《わいきょく》」するのだと心得ておくことが大切です。また、あなた自身も、上司が自分の悪口を言っていたと第三者から聞いた場合、不愉快に感じるはずです。そして、その上司への信頼を一気に失うかもしれません。同様に、リーダーであるあなたも部下の悪口を陰で言うと、ほぼ間違いなく誰かを介して本人に伝わると思った方がよいでしょう。陰口や第三者から聞いたマイナスな情報は、本人から直接言われるより不快感を抱くものです。

〔やむを得ず「陰口を言う」場合〕

他人の提案内容を聞いてその内容の不足点を指摘し、思いついたさらなる改善案を他のメンバーに陰で言うなどはＯＫ。

〔絶対「陰口を言ってはいけない」場合〕

自分が気に入らない部下の悪口を、他のメンバーに吹聴するなどはＮＧ。

④ごまかさない

ごまかすとは「自分に都合の悪いことを隠したり、相手に分からないようにしたりすること。または、本心を隠すために話をそらしたり出まかせを言ったりすること」です。

〔やむを得ず「ごまかす」場合〕

出来栄えが変わらないのであれば、作業手順書通りに作業を進めずに、作業手順をごまかす。また、仕事の目標を達成したかどうかを他のメンバーに尋ねられても正直に答えず、ごまかすなどはＯＫ。

〔絶対「ごまかしてはいけない」場合〕

仕事のミスをした時、残業時間が増えるので他人のタイムカードを代わりに打刻する、自分が知らないことなのに知ったかぶりをするなどはＮＧ。

一貫性がある

「朝令暮改」という言葉があります。朝に言っていた方針や指示命令などが夕方には一変することです。〝朝令朝改〟という人もいるでしょう。意見や考え・指示命令などが理由もなくコロコロ変わると信用できないので、一般的にはマイナスに受け取られる言葉です。逆に、一貫性のある言動はメンバーからの信頼に結び付きます。

①言動に一貫性がある（言行一致）

言行一致とは、「言葉と行動が一致していること」です。言行一致も誠実さの根本です。リーダーには、全員で決めたことやリーダー自身が公言したことは必ず実行するという言行一致の姿勢・態度が求められます。

人は誰でも、その人の言葉よりも行動で評価します。いくら立派なことを言っても行動が伴わなければ誰も信用・信頼してくれません。例えば、職場内で「挨拶の徹底」を図る場合、リーダーが真っ先に実行し見本を示すことにより、初めて全員が実行するようになります。

〔やむを得ず「言行一致できない」場合〕

メンバーが納得できるようなやむを得ない理由がある場合は、言行一致できなくてもOK。例えば、常日頃からリーダーが「どんな情報でもみんなと共有する」と口にしていたとしても、人事異動などの社内のマル秘情報や他のメンバーの人事評価などは共有しない、など。

〔絶対「言行不一致をしてはいけない」場合〕

意味もなく「言っていること」と「やっていること」が不一致の場合はNG。例えば、リーダーが、「私は皆さんの意見やアイデアをどんどん取り入れて、職場改善に結び付けたいので、何か良い方法を思いついたら、気軽に提案してください」と言っておきながら、メンバーが意見や提案を出してきてもただ聞くだけで、その意見やアイデアを取り入れて、職場の改善に結び付ける気配がない、しかもその理由の説明もない、など。

②有言実行

有言実行は行動の推進力です。「不言実行」を旨とする人もいますが、リーダーはメンバーへの範を示すためにも「有言実行」でなければなりません。

言葉にしたことは必ず実行することが大切です。また、メンバーに公言することで、あなたの行動はいつもメンバーに見られているという意識が働き、自分の背中を押す推進役にもなるのです。「今日から私は誰にでも先手で挨拶をします」「毎日、トイレ掃除をします」「一日一善を行います」などとメンバーに公言したならば、実行しないわけにはいきません。実行しないと嘘をついたことになります。また、メンバーが見ていなくても心の中で自問自答するようになります。

〔やむを得ず「有言実行ができない」場合〕

メンバーに公言して実行を継続している時、メンバーが納得できるような理由で公言したことを中止、または、一時中止する場合などはＯＫ。

例えば、３カ月に1回の定例「1 on 1ミーティング」の予定を組んでいたにもかかわらず、上司からの急な指示により緊急の用件が入り、より優先度の高い課題が生じた結果、その予定を後回しにせざるを得なくなった場合など。

〔絶対「有言不実行をしてはいけない」場合〕

理由もなく、公言したことを実行しない。または、知らず知らずのうちに実行しなくなる場合、などはＮＧ。例えば、リーダーが、「私は明日の朝から、先手で挨拶をします！」と言ったとしても三日坊主で終わったり、声も小さく語尾も不明瞭だったりするなど。

謙虚である

謙虚とは、「驕《おご》ることなく控えめで慎ましいさま」です。具体的には、自慢しない、へりくだって素直に人の意見を受け入れる、常に他人に感謝しているなどです。「傲岸不遜《ごうがんふそん》」

（驕り高ぶって人を見下すこと。思い上がって謙虚さのないさま）の対極にある言葉です。

「謙虚さ」や「感謝」は、他者を心地よくします。リーダーが立派な行いをしたり、知識も豊富で能力が高く結果も出していたりするにもかかわらず謙虚であればあるほど、他者の方が恐縮し、尊敬もします。

「謙虚さ」を失わないようにするためには、常に、自分の言動を顧みて「驕り高ぶりはなかったか？」「傲慢な態度を取らなかったか？」など、日々、反省を繰り返す必要があります。

①驕り高ぶらない

2024年5月、メジャーリーグパドレスのダルビッシュ有投手は、アトランタで行われたブレーブス戦に先発し、7回2安打無失点で4勝目（1敗）を挙げ、野茂英雄・黒田博樹氏らに続き、プロ20年目の37歳で日米通算200勝に到達しました。日本の投手で200勝を達成した投手は二十数名いるとのことですが、先発だけで200勝したのはダルビッシュ投手が史上初だそうです。

彼は自身のSNSでファンに対して「日米通算200勝を達成することができました」と報告し、「いつも応援、支えてくださるファンの皆様、家族や友人、スタッフの方々に感謝します。これからもチームに勝ちをもたらせるように日々精進します」とコメントしました。

さらに、「２００勝をどうイメージしていましたか？」というインタビューに、次のように答えました。

「年齢もそうだし、段々難しくなっていくし、野球のレベルも上がっているので、その中で取り残されないように、ちゃんと勉強しながら練習していきたい」

「実ほど頭《こうべ》を垂れる稲穂かな」とは、稲の穂は実れば実るほど、穂先が低く垂れ下がってくるという意味です。立派な人ほど、謙虚な姿勢を崩さないということです。このことわざ通り、ダルビッシュ投手はキャリアも実績もある上に、今回さらに素晴らしい成績を上げてもなお、驕り高ぶることなく謙虚な姿勢が現れたコメントです。

中国の古典「易経」の「乾為天」に、龍の物語があります。第5段階「飛龍」は、絶頂期で何をやってもうまくいく時です。何をやってもうまくいくので、つい龍は独断でどんどん上へ上へと天を目指します。しかし、雲であるメンバーはついて来ることができず、龍は真っ逆さまに落ちていきます。それが、最後の6段階「亢龍」、驕り高ぶった龍です。

人も、大成功を収めた絶頂期の時こそ、自分を謙虚に見つめ直し、「今日、利己的な行いはなかったか?」「驕り高ぶったりしていなかったか?」などを自問自答すべきなのです。

人の自慢話を快く聞ける人は少なく、逆に聞き苦しく感じることでしょう。だから驕り高ぶることのないように、日々反省や振り返りをして謙虚な姿勢を維持する必要があります。

〔やむを得ず「驕り高ぶる」場合〕

長年の夢がかなったり、社内でも1番の成績を上げたりした場合などは、一時的にOK。人間誰しも一時的に自慢したくなることはあります。その時だけ驕り高ぶってもやむを得ません。しかし、その後すぐに、自己を戒めて謙虚な姿勢に戻ることが大切です。謙虚な姿勢を取り戻すことができず、そのまま、驕り高ぶる姿勢を増長し続けるとメンバーからの信頼をなくしてしまいます。

〔絶対「驕り高ぶってはいけない」場合〕

基本的には、常時、「驕り高ぶる」ことはNG。

②他人やモノに感謝している

作家でもあり心学研究家の故小林正観氏の「そ・わ・かの法則」というものがあります。「そ」は掃除、「わ」は笑い、「か」は感謝です。「ありがとう」という感謝の言葉を何度も口に出して言えば、人間関係の問題は解決されると述べています。

感謝とは、**「ありがたい」と思う気持ち**のことです。まず、私たちが今生かされていることへの感謝が第一です。今の自分があるのも、両親や肉親、自分の周りにいる全ての人たちのおかげです。

日頃、周りの人たちに当たり前のようにしてもらっていること、他人に助けられたり、親切にされたりする場合などにも、必ず「ありがとうございます」と感謝の言葉を伝えることが大切です。以心伝心、言わなくても分かるだろうという考えは、今すぐ捨ててください。案外、言わなければ伝わらないものです。必ずや周囲への感謝が、あなたの人生に大きな幸せをもたらしてくれるでしょう。

〔やむを得ず「感謝しない」場合〕

急に体調が悪くなり介抱してもらっている時、切羽詰まって仕事をしていて心のゆとりがない時、考え事をしている時などは感謝の言葉が出なくても一時的にはＯＫ。

〔絶対「感謝しないといけない」場合〕

他人から親切にされた場合、依頼したことをしてもらった場合。また、席を譲られたり、エレベーターなどで先を譲ってもらったりした場合、落としたものを拾ってくれた場合などに感謝しないのはNG。

利他的である

利他的とは、「**思いやりの心を持っていること**」です。稲盛氏は、この思いやりの心のことを「利他の心」と表現しています。稲盛氏が唱えた利他の心とは、「人によかれという心」、「自分自身を犠牲にしてでも、相手のためになることをしようと思う心」です。

「利他の心」の究極は「悟りの境地」ともいわれています。凡人が「利他の心」を身に付けるための具体的な方法を、稲盛氏が示してくれています。それは「利己を抑えれば利他の心が出てくる」というものです。つまり、足るを知って利己的にならないよう努力すれば、見返りを求めず、他者を思いやれるようになる、ということです。

しかし、これは簡単にできることではありません。人間の欲望にはきりがありません。欲望を満たしても、また次の欲望が生まれてくるものです。だから、現在の自分をあるがままに受け入れ、素直に感謝する。そして「もうこれで足りている」「これくらいで十分である」と判断して欲望の肥大を自制する――それが「足るを知る」です。また、その日1日を振り返り、「利己的な行動はしなかっただろうか」などと日々反省し、謙虚さを忘れないことも大事です。

脳科学者の中野信子氏も「運のいい人は利他行動を取る」とも述べています。利他的行動を取ることで相手が喜んでくれて脳の報酬系が刺激され、ナチュラルキラー細胞が活発化して、体にも良い影響を与えるのだそうです。

①思いやりがある

思いやりは「**自分の思いを相手に遣《や》ること**」です。つまり、相手が望む・望まないにかかわらず、相手の身の上や心情に心を配ることです。「**思いやり＝観察（観《み》て察する）＋行動**」です。

時には、相手のことを思ってしたつもりが、余計なことだ、ありがた迷惑だと思われてしまうこともあるでしょう。それでも相手の気持ちを察して「忘己利他」（自分のことは脇に置き、見返りを求めずに相手のためになることをする）が大切です。

リーダーの思いやり行動は、メンバーに「自分のことを大切に思ってくれている」「気にかけてくれている」というメッセージとなって伝わります。それは、リーダーへの感謝の気持ちと共に信頼にもつながっていきます。

〔やむを得ず「思いやることができない」場合〕

緊急時の対応（指示命令）、自身の体調不良時、期限が迫っている仕事を遂行している時、リーダー自身と部下の考え方や価値観の違いを許容できない時。例えば、仕事よりもプライベートを重視する態度をたしなめるなどは、一時的にＯＫ。

〔絶対「思いやらなければいけない」場合〕

基本的には、常に、思いやりのある言動が望まれます。チーム内で営業エリアを決める際、リーダー自身が売上実績の高い顧客先がいるエリアを先に選ぶ、自分の都合を優先して部下の仕事の納期を決めるなどはＮＧ。

②親切・丁寧な対応

部下を思いやるリーダーの利他的行動には、部下の話や意見を聴く、提案をいったん受け入れるなどがあります。反対に、部下が納得しているかどうかを考慮せず、自分の意見や考えが正しいと思い込んでそれを無理やり押し通すことは、思いやりのない行為です。

リーダーとして「部下を思いやる」「部下の立場で考える」とは、本当に難しいことです。いつも部下が理解しているかどうかを意識し、部下が納得するように、彼らの目線に立って、親切かつ丁寧に対応する努力が求められます。さらに、心や頭の中で思いやるだけではなく、実際に親切で丁寧な行動を実行しなければなりません。油断すると人間はエゴ（自分本位の気持ち）が出てきて、利己的な行動をしがちです。

〔やむを得ず「親切・丁寧な対応」をしない場合〕

分からないことがあると何でも聞いてくる部下に対して、すぐには教えずに自分で考えさせるなどはＯＫ。

〔絶対「不親切な対応をしてはいけない」場合〕

入社して間もない新人に仕事を教える時、まだ一人前に仕事ができない部下からの質問に対して雑な対応をする、部下から何かを頼まれても応じない、部下からの提案や意見を取り合わないなどはＮＧ。

真面目である

真面目とは、「物事にコツコツと真剣に取り組むさま」です。ルールや決まり事を完璧に守ろうとするために臨機応変な対応ができないと評価され、「真面目過ぎて融通が利かない」と言われることもあります。しかし、基本的には、真面目な人は、約束や期限・ルールなどの決められたことはきちんと守ります。

①約束や期限を守る

リーダーは、メンバーとの約束は絶対に守らなければなりません。例えば、リーダーが部下からの提案を了承し、さらに上司にも承認を得なければならない時。「〇日までに部長に決裁してもらうよ」と部下に約束したならば、必ず期日までに成し遂げる必要があります。約束したにもかかわらず「忘れていた」「できなかった」となれば、部下はガッカリするし、仕事も遅れてしまいます。このようなことが幾度か重なれば「羊飼いの少年」のような結果になり、あなたの信頼は地に落ちてしまいます。

スティーブン・R・コヴィー博士は「自分との約束を果たすことができて初めて、他者との約束を守ることができる」と述べています。まず、「朝は30分早く起きる」など、自分との小さな約束を守り、自信をつけていくことが他者との約束を守る力の強化につながります。

〔やむを得ず「約束を守れない」場合〕

他のメンバーが仕事で困って途方に暮れていたので手助けをする約束をしていたが、上司からの緊急な指示事項を遂行しなければならなくなり、約束が守れないなどはお詫びとその理由を伝えれば、ＯＫ。

〔絶対「約束を守らないといけない」場合〕

指示された仕事を期限までに仕上げる、会社の規律やルールを厳守する、決められたことを実行する、部下との約束事を守る、などを破るのはＮＧ。

②何事にも真剣に取り組んでいる

福岡ソフトバンクホークスの近藤健介選手や山川穂高選手は、当日の試合終了後に必ずバッティング練習をしているそうです。二人とも日本を代表するバッターですが、慢心することなく、真剣に、一生懸命に練習に取り組んでいる姿は敬服に値しますし、正に真面目な姿勢だと言えるでしょう。

〔やむを得ず「物事に真剣に取り組めない」場合〕

自分自身の体調不良、家庭内の問題（家族の病気、子どもの不登校、離婚など）などのプライベートなこと、会社の方針への不満、上司との人間関係の悪化、大きな失敗で一時的にモチベーションが低下している場合などはＯＫ。

〔絶対「物事に真剣に取り組まないといけない」場合〕

上司が見ていないところで仕事の手を抜くのはＮＧ。基本的には、リーダーはいつもメンバーから見られているという意識を持って、何事にも率先垂範する姿勢が求められます。

公平である

公平とは「全ての物や人を同じように扱うことであり、判断や行動が偏っていないこと」です。例えば、人を評価する時に、えこひいきをしない。仕事のチャンスを、日頃親しくしている部下だけに与えるようなことはしない、などです。他者に不公平な扱いをするリーダーは信頼されませんし、不公平に扱われたメンバーのモチベーションは著しく低下します。

①えこひいきしない

えこひいきとは「**ある特定の人に目をかけて引き立てること**」です。つまり、不公平な扱いをすることです。リーダーが、誰かをえこひいきすると、他のメンバーは不公平感を感じてモチベーションも下がり、リーダーに対して不信感を抱くようになります。

多くのリーダーは「自分はえこひいきなんてしない」と思っていることでしょう。でも、例えば「仕事を依頼しやすい部下」や「話しやすい部下」はいませんか？　つい、いつも決まった部下に仕事を依頼したり、いつも同じ部下とばかりコミュニケーションを取ったりする場面もあるのではないでしょうか。こうした状況下では、まさに「えこひいきしている」と他の部下から思われても仕方のないことです。ある1人の部下をえこひいきすると、リーダーは間違いなく他の部下から疎んじられ、組織の統制が取れなくなります。

リーダーが思っているよりも、部下はリーダーの行動をよく見ているものです。部下の呼び方も、その一例です。リーダーが部下に声をかける時、「山田！」「山田君」「山田さん」

「山田ちゃん」など、呼び捨て、君付け、さん付け、ちゃん付けなど、呼び方はさまざまでしょう。また、下の名前で呼んだり、ニックネームで呼んだりする場合も見受けられます。

ひどい場合には、派遣社員やアルバイト、パート社員などに対して、名前を覚えていないのか「派遣さん」「パートさん」と呼ぶケースもあります。呼ばれた相手は「私は『派遣』という名前ではありません」と心の中で反発しているはずです。ここまでいくと差別だとみなされても仕方ありません。

リーダーは無意識に、悪気なく呼んでいるのかもしれません。しかし、部下は自分の呼ばれ方と他のメンバーの呼ばれ方をよく聞き分けているものです。例えば、リーダーが特定の部下を「ちゃん付け」で呼ぶということは、リーダーはその部下を特別に目をかけてかわいがっている、または親しい間柄であるということを皆にメッセージとして伝えているようなものです。「君付け」と「さん付け」の間にも、親密度の差を感じます。

また、一般に「君付け」で呼ばれる部下は、新入社員や年少者の場合が多いようです。リーダーが少し上から目線で相手を見下しているようなニュアンスが感じられます。同じベテラン同士なのに片方を「君付け」で呼び、もう片方を「さん付け」で呼ぶと、「君付け」された方は「リーダーは同僚よりも自分のことを格下に扱っている」と感じることでしょう。

以上のように「自分はえこひいきしていない」と思っていたとしても、名前の呼び方の違いによって部下にマイナス感情を抱かせていたり、差別意識を持たせてしまったりすることがあると理解し、十分に配慮することが必要です。部下に余計な悪感情を抱かせず、誤解されることもないように、部下の名前は「さん付け」に統一することをおすすめします。新入社員、役職者、パート社員など、年齢や性別、肩書にかかわらず「さん付け」で統一することにより、公平感や平等感が生まれます。また、リーダーが率先して「さん付け」することにより、相手を大切にしているという印象を部下に与えることができるでしょう。

〔やむを得ず「えこひいきする」場合〕

例えば、外部研修に1名しか派遣できない場合、予算の関係上、誰か1人しか選べない時などに、やむを得ず、最も教育投資効果の高い部下を選ぶことは、ＯＫ。もし、選んだ部下と日常親しく話をしている場合には、他のメンバーからえこひいきと受け取られる可能性もあります。そのため、選抜理由を明確にし、メンバー全員にオープンにして知らせる必要があります。

〔絶対「えこひいきしてはいけない」場合〕

「やむを得ない場合」を除き、いかなる場合もえこひいきをするのはNG。

②偏った判断をしない

誰かが成果を出した時は、公平に判断し評価します。信頼されるリーダーは、いつでも人や物事を公平に扱います。公平であり続けるためには、自分自身を常に振り返るのは当然のこととして、たまには自分の近しい人や友人などに、自分の判断が偏っていないか、不公平な扱いをしなかったかなどを尋ねてみることも必要です。

〔やむを得ず「偏った判断をする」場合〕

例えば、地震や台風といった自然災害や火災などの緊急事態の際にはじっくり検討している暇はありません。やむを得ず、リーダーがより正しいと思われる判断を下すなどはOK。

このような緊急時には会社全体の利益や社員の安全を確保することが第一であるため、偏った判断をせざるを得なくなるかもしれません。しかし、もしその判断が間違っていれば、大きな被害を受けたり、負傷者が発生したりする恐れもあります。常日頃から緊急時の対応や避難手順などを確認し、訓練しておく必要があります。

〔絶対「偏った判断をしてはいけない」場合〕

基本的に偏った判断をすることはＮＧ。一方に偏った判断をすることなく、「中庸」を意識してバランスを考えた判断をすべきです。

以上、イマドキ社員をはじめとするメンバーと信頼関係を築くための行動を紹介しました。部下のやる気を引き出す声かけをしたとしても、リーダー自身がメンバーから信頼されていなければ効果は望めません。

あなた自身が真のリーダーになるために、人格を含めた「信頼力」を高め続ける努力を期待します。次章では、部下と信頼関係を築いた上で、イマドキ社員のやる気を引き出す褒め方を説明していきましょう。

第５章

イマドキ社員のやる気を引き出す

1.「やる気」の重要性

やる気の要因を探す

人間の脳には、やる気のスイッチといわれる「やる気の脳」、側坐核（直径2ミリ、重さ0.2グラム）があります。人は、好きなことをしている時や意欲の高い状態であれば、そこからドーパミンが放出されて体全体を駆け抜けます。その結果、集中力が高まったり、前向きな取り組み姿勢になったりして、行動にも好影響をもたらすようになります。これが、やる気です。

やる気とは、モチベーション（動機付け）とも表現されます。やる気は、行動を起こすためのエネルギーであり、力とも言えます。

私は二十数年間、研修講師をしてきましたが、「人のやる気を上げることが1番難しい」と、受講生にいつも伝えています。なぜなら、本当のところ、やる気があるのかないのかは本人しか分からないからです。リーダーから見て、やる気があるように見えるメンバーでも、本当はやる気がないのかもしれません。反対に、やる気がないように見えるメンバーでも、本当はやる気があるのかもしれません。

相手にやる気があるかどうかは、厳密には、他人が正確に把握することは難しいのです。また、やる気の要因も人それぞれです。例えば、リーダーがよかれと思って褒めてみても、本人にとってはやる気の要因にはならないことだってあります。

例えば、終業後に「みんなで飲みに行こう！」と誘ってみても、それをうれしく思うメンバーと嫌だと思うメンバーがいます。全員のやる気の要因が同じとは限りません。その結果、一部のメンバーには「笛吹けども踊らず」状態となり、リーダーの動機付けは空振りに終わります。

では、どのようにすればやる気が高まるのでしょうか。メンバー各自のやる気の要因を探り、そこに焦点を当てて動機付ける必要があります。個々のメンバーの常日頃の仕事ぶりや態度・表情の変化などからやる気の要因を推測して、動機付けするのです。しかし、やる気の要因を正確に把握できたとしても、効果的かつ具体的に動機付けるのも難しいことです。だから、他者のやる気を上げることは難しいのです。

しかし、これはリーダーとしての最も重要な役割でもあります。もし、うまくいかなかったのであれば、その原因を考えて次の方法を検討してください。その繰り返しになります。

また、小さな手帳などを用意しておき、都度、各自のやる気が出たりやる気を失ったりしたと思われる具体的事実およびリーダーが動機付けした具体的内容などを記録しておくことをおすすめします。

やる気と成果の関係

104ページでも紹介したとおり「ハーバード大学のウィリアム・ジェームス（William James）は、動機づけの研究を通して、時給労働者が職を失わない（つまり、クビにならない）程度に働くとすれば、本来の能力の20％～30％程度を発揮するだけでよいことを発見した。また、同じ研究によれば、高度に動機づけられているときには、本来の能力の80％～90％まで発揮することもわかった」（『入門から応用へ 行動科学の展開【新版】―人的資源の活用』ポール・ハーシィ、ケネス・H・ブランチャード、デューイ・E・ジョンソン著、生産性出版）と述べられています。

つまり、「**人はやる気の程度によって能力発揮度合いが7割（最高90％～最低20％）変わる**」ということです。いくら保有能力が優れていても、やる気のない状態の時の能力発揮度合いは2～3割程度なので、成果には結び付きにくいということになります。一方、いったん動機付けられると能力は最高9割まで発揮できるので、成果にも結び付きやすくなります。

これを公式に表すと「成果＝能力×動機付け」となります。このように、より成果に結び付けるには、本人の保有している能力を発揮させるための「動機付け」がいかに大事かということが理解できると思います。

また、これとよく似た公式を稲盛氏は『京セラフィロソフィ』の中で次のように表現しています。

「人生・仕事の結果＝考え方×熱意×能力」。熱意や能力は、「０～１００」で表される。また、考え方は「マイナス１００～プラス１００」で表される。しかも、人生・仕事の結果は、それぞれの積で表される。

つまり、熱意や能力が高くても、考え方がマイナスであれば、人生・仕事の結果はマイナスになる、ということです。考え方のマイナスとプラスについて、主なものを挙げてみましょう。

〔プラスの考え方〕

前向き、建設的、明るい、協調性、肯定的、思いやり、真面目、正直、謙虚、感謝の心

〔マイナスの考え方〕

後ろ向き、否定的、非協調的、暗い、意地悪い、他人を陥れる、不真面目、嘘つき、傲慢、怠け者、利己的、不平不満、恨み、妬み

この公式から言えることは、人生や仕事の結果を得るためには「プラス思考」を持つことが大切だということです。小林正観氏は、もしマイナス思考に陥ったり、マイナスな言動をしたりした場合は「今のは取り消し！」などと10秒以内に否定すればよいと述べています。

仏教においても１０８の煩悩の中に三毒といわれるものがあります。「貪瞋痴《とんじんち》」の３つです。「貪」とは、貪欲です。「瞋」は瞋恚《しんい》、怒ることです。「痴」とは、愚痴です。怒ることや愚痴、ボヤキもマイナスな言動です。先の小林正観氏は、「不平不満」「愚痴」「泣き言」「悪口」「文句」を「五戒の言葉」として、口にしないよう戒めています。

また、脳科学の分野では「脳は自分と相手を区別できない」といわれています。つまり、他人に対するマイナスの思いを抱いたり、口に出して言うことは、自分に対して思ったり言ったりするのと同じだということです。

また、科学的な根拠があるわけではありませんが「引き寄せの法則」というものもあり

ます。自分が心に描いていることが引き寄せられて、そのとおりになるというものです。

このように、人生や仕事の成果、および自分自身にマイナスの影響を及ぼすので、マイナスな考え方や言動は慎みましょう。以上のことから、仕事の成果や結果は、やる気や考え方から影響を受けると、ご理解いただけたと思います。

部下がやる気を下げる理由

部下がやる気を下げるのは、次のような時です。

①目標を達成できなかった時
一般的に、人がやる気を上げる1番の要因は「達成感」です。達成感によってやる気を得られる部下が目標未達の場合には、かなり落ち込み、モチベーションもダウンします。そうした時には「今回はよく頑張っていたのに、残念だったね。あと少しだったなあ。私も君へのアシストが足りなかったかもしれない。次回はしっかりサポートするから、目標達成に向けて一緒に頑張ろう！」などと声をかけるとよいでしょう。

②リーダーから無視されていると感じた時

人間にとって最もつらい仕打ちは、周囲から「無視」されることとです。リーダーであるあなた自身も他者から無視されるとマイナスな感情が湧いてくると思います。だから、まず「**自分が、他人からされて嫌なことは他人にはしない**」ということを肝に銘じてくださ
い。

リーダーという立場は忙しく、常に丁寧に対応できるとは限らない面もあります。しかし、少なくとも「リーダーから無視されている」と部下が感じるような態度・行動は控えてください。

例えば、部下から話しかけられたけれどその場で対応できない時には、「急ぎの用事があって今すぐには対応できないので、〇〇時以降にしてくれませんか？」などと、理由と対応可能な時間を伝えましょう。もしくは、急ぎの用事が終わった後で、部下に「先ほど話そうとしてくれたことは何かな？」と必ず声をかけてみてください。

③リーダーが部下の仕事に関心が薄く、的確な指示を得られない時

リーダーが、部下が作業している現場にほとんど立ち寄らない、用事の時以外は声もかけない、「君に任せるからちゃんとやっておいて」などと曖昧な指示に終始するなどの状

況です。②と同様に、部下は自分の仕事の役割や位置付けを低く感じる可能性があります。

部下の仕事に関心がなさそうなリーダーの態度は部下の自己重要感を下げ、モチベーションも低下させます。リーダー自身の態度が原因なので、部下が担当する仕事の目的や意義を伝えるとともに、もう少し部下に関心を持ち、仕事ぶりもよく観察してみてください。時々声をかけるだけでも部下の自己重要感が高まります。また、部下が次の行動にスムーズに進めるよう、適時適切な具体的な指示も必要です。

④現状が把握できないままハッパをかけられる時

例えば、自分の仕事の全体像や流れを把握できておらず、早く一人前になろうと、日々仕事を覚えている新人がいるとします。そんな新人に対して、リーダーが「仕事の指示を待つばかりではなく、手が空いたのであれば自分で考えて、やれる仕事を探しなさい」などと口にする。または、仕掛かり中の仕事に取り組んでいる部下に「○○の件、×日までに仕上げてください。やり方は先輩に聞いてください」とだけ伝えて、次の仕事の指示をする。

これでは、リーダーの認識と部下が直面している現状との間にギャップがあり、適切な助言や指導が得られていません。そんな時には、リーダーは部下の表情をよく見て、理解できているか、納得しているかどうかを判断しなければなりません。

理解や納得をしていないと感じたならば「どうかしましたか？　怪訝《けげん》な顔をしているけれど、今の指示で理解できなかった点があれば言ってください」などと声をかけて、確認してください。そして、リーダーと部下との認識のズレを修正するために、相互に意見交換をし、現状認識を一致させなければなりません。そうして部下が理解・納得して指示した仕事や担当業務に取り組めるように、丁寧に説明をする必要があります。

⑤自分の仕事の位置付けや目的が分からない時

部下に仕事を指示したり、担当業務を割り付けたりする場合に「仕事の目的や、チーム内での役割・位置付け」などを説明する必要があります。特にイマドキ社員は、担当する仕事の位置付けや重要性などが分からないと、仕事へのやる気を失ってしまう傾向があります。「〇〇さんの仕事は、当課の中ではこんな位置付けにあり、こうした役割を担ってもらっている」「今、君がこの仕事をきっちりとやってくれているから私も安心だし、他のメンバーも自分の仕事に専念できているんだ」などと声をかけましょう。

⑥職場の人間関係が悪化した時

同じ職場で働く仲間の誰かと関係が悪化すれば、顔を合わすのも嫌になり、コミュニケーションも滞りがちになります。すると、ますます関係が悪化し、モチベーションもダウンします。

「自分が相手を嫌いになると必ず相手に伝わり、相手も自分のことを嫌いになる」とはよくいわれています。相手に対してマイナス感情を抱くと、自然と表情や態度に表れて相手に伝わるものだと肝に銘じておきましょう。

リーダーと部下との関係が悪化した場合はなおさらです。当人との関係だけでなく、他のメンバーにも気を使わせることになります。結果的にチームワークも発揮されなくなり、チームの成果にも悪影響を及ぼします。これでは、リーダーとしての責務を果たせないので、できるだけ早く部下と通常の関係に修復するよう努めなければなりません。

もし、部下に対してマイナス感情を持ったならば、具体的に部下のどんな態度や言動に対してマイナス感情を持ったのかをすぐ伝えた方がよいでしょう。自分の胸の内にため込むと心のコップが悪感情でいっぱいになった時に爆発してしまいます。そうならないように、ため込まないことが肝要です。ただし、伝えるタイミングや言葉遣いなどには注意が必要です。

どんなに相手に対してマイナス感情を抱いたとしても、少なくとも挨拶ははっきりとした声で言いましょう。相手の目を見て、やや微笑みながら先手で挨拶するのがポイントです。仕事中は何か用事を見つけて、自分から積極的に話しかけましょう。

⑦残業が多くて自分の時間が取れない時

「働き方改革」の実現に向け、長時間労働の是正の一環として「時間外労働の上限規制」が課せられました。以前に比べると残業時間は少なくなったのではないでしょうか。

イマドキ社員をはじめ、最近ではプライベートの時間を大切にする社員が増えてきました。そうした社員にとっては残業が多いとプライベートの時間が確保できず、モチベーションダウンにつながります。

先述のとおり、残業を依頼する際は、できるだけ事前に、計画的に頼むことが大事です。プレッシャーを与えないように気を配りながら、残業が可能かどうか、どれくらいの時間なら可能なのかなどを確認しながら伝えてください。

⑧専門的なスキルを伸ばす機会がない時

人材育成の仕組みもなく、入社時点から単純定型作業ばかりが続いていると、新人には

「いつまでこの仕事を続けていればよいのか」「どうすれば次のステップに進めるのか」といった疑問が湧いてきます。しかも、先が見えないために部下はやる気を失ってしまいます。

タイパを重視するイマドキ社員は「この会社に勤めていても成長できる機会がない」と判断して、退職に向かう可能性もあります。それを防ぐためには、キャリアビジョンの明示が必要です。

作業に取り組む前に、目的や意義、および次のステップに進むためには今の作業が1人でできるようになる必要があることなどを説明しておかなければなりません。また、できるならば早急に、社内で人材を育成する仕組みを構築しておくことも期待されます。

⑨仕事の要望や提案が受け入れられない時

担当業務に関する問題や改善点などを上司に伝えたのに全く相手にしてもらえないと、部下はやる気を失い、徐々に問題意識や改善意識が減退します。退職を選ぶメンバーもいれば、辞めずに残るメンバーは意欲も湧かず、言われたことしかせず、余計なことを考えずに日常業務を淡々とこなすだけの「指示待ち人間」になってしまうかもしれません。そうなると部下の成長は期待できず、リーダーが部下の仕事をカバーしなければならなくなります。悪循環に陥り、リーダーはますます忙しくなるでしょう。

人手不足の時代ですから、リーダーも多くの仕事を遂行しており、部下1人ひとりについて丁寧に対応できない状況も多く見受けられます。だから余計に、指示待ちではなく「自律・自立型人材」（自分で考え行動する）が求められています。そうした人材を育成するためにも、部下からの意見や提案に真摯《しんし》に耳を傾け、受け止めることから始めましょう。意見や提案を受け入れてもらうだけでも部下の承認欲求が満たされ、多少なりともやる気が出るはずです。

⑩経営陣や上司への信頼感をなくした時
会社の経営幹部や上司への信頼感をなくしてしまうと、期待が失望に変わり、モチベーションもダウンします。信頼を失う理由は、第4章「1．真のリーダーになる」を、信頼を得るためには、同「3．信頼を厚くする具体的行動【人格編】」を参照してください。


以上、部下がやる気をなくす原因を考察してきました。こうした原因をよく認識した上で、常に部下の行動を観察し、モチベーションの状態を把握することが大切です。

繰り返しますが、部下のモチベーションを向上させるのは最も難しいことです。従って、

モチベーション向上サポート計画

対象者	

	やる気が出る要因	やる気を失う原因
モチベーション要因		

モチベーションが 高い状態（イメージ）	
サポートできること	
部下自身が努力すべき 具体的な行動	

期限 (3 カ月後)	

		1 カ月経過 (面談日：　/　)	2 カ月経過 (面談日：　/　)	3 カ月経過 (面談日：　/　)
進捗状況	反省点			
	改善点			

図 5-1　モチベーション向上サポート計画

リーダーは常に部下の「やる気度」に注意を払い、部下のやる気の要因や阻害要因を把握するとともに、必要に応じて面談などを通じて、部下のやる気の低下原因を一緒に取り除くよう努力することが大切です（図5－1）。

部下のやる気を引き出す方法～褒める

イマドキ社員の褒め方

イマドキ社員のやる気を引き出すには「褒める」ことが重要だとは、よく知られています。しかし、具体的にどのように褒めればよいのか分からなかったり、頭では「褒めよう」と思っているのにできなかったりすることもあるのではないでしょうか。

部下の内発的モチベーションを喚起するためには、「有能感」を持たせて自信をつけさせることが必要です。有能感とは、自分の能力を発揮して目標を達成できると認識することです。この有能感は、リーダーが部下を褒めることで、部下に与えることができるものです。

なお、「内発的モチベーション」とは、本人の内側から湧き出てくるもので、何の見返りも期待することなく、そのこと自体から満足を得ようとするものです。あればあるほど、やる気の上がる要因になるもので、なくてもモチベーションダウンにはなりません。
では、部下のやる気を上げる褒め方を具体的に見ていきましょう。

①イマドキ社員と信頼関係を築く

第４章で繰り返し説明したとおり、単に褒め方や声かけフレーズをマスターするだけでは不十分です。リーダー自身が、イマドキ社員に限らず他のメンバーからも信頼されていないと、どんなに褒めてもほとんど効果はありません。

一方、信頼しているリーダーから、褒められたり声をかけられたりすると、メンバーはうれしいし、やる気も湧いてくるものです。

大事なことは、信頼関係です。メンバーから信頼を獲得するための鍵は、誠実さ、公平性、対話重視、デジタル活用力、本音の姿勢、個性の尊重など、さまざまな点においてイマドキ社員の価値観や特性に合致することです。信頼を獲得するための具体的な行動は第４章を参照してください。

②イマドキ社員に響く褒め方をする

イマドキ社員は従来の若手社員とは異なる特徴を有している面もあります。彼らのやる気を引き出すには、彼らに響く褒め方を実践しなければなりません。

・具体的な行動や成果を褒める

「よくできました」といった抽象的な賞賛ではなく、どの点が優れていたのかを具体的に指摘します。

例「期限に遅れることなく、この難しい課題をこなし、創造性も発揮できた点が素晴らしい」

・各個人の長所や個性を尊重して褒める

集団一くくりの称賛ではなく、1人ひとりの強みや個性を認め、そこを褒めます。

例「あなたの分析力の高さがこの成果に大きく貢献した」

・プロセスと努力を評価する

結果だけでなく、そこに至るまでの過程や苦労、工夫した点をきちんと評価します。

例「試行錯誤を重ねながらも粘り強く取り組んだ姿勢に敬意を表する」

・成長の可能性を示唆する
現状への称賛にとどまらず、さらなる成長の余地があることを示唆します。
例「この調子でさらにスキルを伸ばせば素晴らしい仕事ができるはずだ」

・フィードバックとともに称賛する
建設的な改善点を指摘するフィードバックと併せて、良い点は必ず褒めます。フィードバックだけでなく、称賛もバランスよく行います。

・デジタルツールを活用する
動画メッセージやオンラインでの称賛など、デジタルネイティブであるＺ世代に合ったツールを使いましょう。

・率直に本音で褒める
うわべだけの称賛や建前ではなく、心から褒める、本音の言葉で褒めることが重要です。

③声かけフレーズを活用する

やる気を引き出す声かけフレーズの詳細は第6章で説明するので、ここでは簡単に紹介しておきましょう。

・個人の長所を認め、それが役立つと伝えることで自信を持たせる

例「あなたの創造力が今回の課題を成功させる大きな力になると思うよ」

・過去の具体的な良い行動を称賛し、継続を促す

例「前回の課題に、期限に遅れずにしっかりと取り組んでくれたことは素晴らしかった。今回も引き続きあの姿勢で臨んでほしい」

・長所が生かせる機会を提示し、意欲を喚起する

例「この課題は、あなたの論理的思考力を存分に発揮できるチャンスだよ」

・成長の可能性を示し、より高いレベルを目指す意欲を喚起する

例「君ならさらにレベルアップできる可能性があると思う。今回は新しい挑戦をする

チャンスだ」

・リーダー自身の期待を示すことで、やる気を引き出す

例「君の成長過程を間近で見られることを、私もうれしく思うよ」

・困難な課題に対する自信を持たせる

例「この難しい課題だが、君ならきっと乗り越えられると私は信じている」

このように、イマドキ社員に合った言葉遣いと内容で、個人の強み、成長性、リーダーの期待感などを伝えることが大切です。具体性とポジティブな声かけが、イマドキ社員のやる気を引き出すのに効果的です。

部下のやる気を引き出す方法～その他のコミュニケーション

①自己決定感を持たせる

自己決定感とは、「誰からも干渉されず、自らの意思でコントロールできると認識する

こと」です。部下が前向きに取り組みたい仕事や興味のある仕事があれば、具体的なやり方などを事前に確認しながら、その仕事を部下に任せてください。任せた後は、様子は見つつも細かいことに口出ししないことが肝心です。

②任せる

「自分がやった方が早い」「部下に仕事を任せて失敗するよりも自分の方がうまくできる確率が高い」などの理由で、部下に仕事を任せられないリーダーは少なからず存在します。部下に仕事を任せるとは、その仕事を一任することで、相手に裁量権や決定権を委ねることになります。任せることにより、任せた相手に対して「信頼している」というメッセージが伝わります。

任せる側のリーダーにはリスクが伴いますが、それを踏まえて信じて任せることが大切です。また、「部下に失敗から学ばせる」という意図をもって任せるケースもあります。部下が失敗したら、経験を通じて学習し、次に生かしましょう。うまくいったなら、本人の自信につながり、さらなる成長も期待できます。

栗山英樹氏は、信じるではなく「信じ切る」ことが大切だと述べています。相手を信じ切って任せるということは、彼（彼女）に任せることが1番の選択であり、後悔しない選択だというリーダーの思いや覚悟が必要です。そのためには、本人の仕事に対する真摯さや日々の努力ぶり、技量や実績などを勘案して最良の選択をしなければなりません。

最もやってはいけないことは「任せっぱなし」です。故松下幸之助氏の「任せて任さず」という名言があります。仕事を任せた時は中間報告の時期をあらかじめ決めておくことも必要です。また、部下の仕事ぶりをそれとなく観察したり、たまには声をかけて様子をうかがったりすることも大切です。つまり、あらかじめ進捗状況をチェックする日程を決めておくことと、「あなたのことをいつも気にかけているよ」というメッセージを伝えることが重要なのです。

例えば、部署の課題解決策を話し合う全員参加の会議を主催し、皆で決めた解決策を具体的に実施するとします。推進責任者やメンバーを部下の中から募り、運営はそのメンバーの自主性に任せるなどするのもよいでしょう。

③傾聴する

相手の話を傾聴することとは、**相手を認めて受け入れること**です。傾聴とは、単に聞くことではなく、耳で心を込めて「聴く」、口で「訊《き》く」ことだと考えます。

相手の話を傾聴する場合の前提条件は、「冷静な態度」で、相手の言わんとすることを真剣に聞き取ろうとして聴くことです。リーダー自身が忙しくしている時に話しかけられると、つい面倒くさそうな態度やイライラした表情で感情的に対応しがちです。自分の感情が、目つきや態度・表情に必ず表れてしまいますので、十分注意しましょう。

まずは、**アイコンタクト**。体を相手の方に向けて相手の目を見ることです。次に、うなずきと相づちです。うなずく時には、相手の話に合わせてタイミングよく。張り子のトラのように機械的に何でもうなずくことだけは避けてください。

また、相手が話をしている最中に「ハイ、ハイ、ハイ」と間をあけずに相づちを入れる人がいます。これも真剣に聴いてくれているようには感じられません。逆に、急かされているように感じるので、うなずきと相づちは適切なタイミングで入れることが大事です。そして、タイミングを見計らって、相手が話したことを要約してください。

さらに、気になること、不明な点などがあれば質問をします。これが「口で訊く」です。リーダー自身の頭の中で、相手が話す内容がイメージ化されるまで訊いてください。

④感謝する

多くの著名人が、感謝をすることの大切さを説いています。感謝はポジティブな行為です。人は、感謝されると自分の行為が相手に価値をもたらしていると実感できて「自分には能力がある」という自己効力感が高まります。自己効力感とは、心理学者アルバート・バンデューラ氏が提唱した概念で、「自分ならできる」と信じることです。

まずはリーダーが率先垂範して「ありがとう」と感謝の言葉を頻繁に口にしましょう。例えば、コピーを取ってもらった時、電話や来客の対応をしてもらった時など。また、深い感謝を伝えたい場合などは、ＳＮＳなどに書き込んで伝えるのも効果的です。

⑤具体的な目標を持たせる

リーダーが部下に目標を与えるのではなく、部下自らが目標を設定するように働きかけます。目指すべき目標が明確になれば、人はそれに向かって取り組むようになります。先にも述べたとおり、内発的動機付けである「達成感」を味わうことができるからです。同時に、目標達成すれば自己効力感も上がります。

期初には年間目標や半年目標の設定を促します。面談などを通じて、リーダーからもあらかじめ部下に期待することを伝えておく必要があります。リーダーからの期待を受けて、部下本人が所定の目標管理シートの各項目に記入していきます。その記入シートをもとに、リーダーと部下が再度面談をし、意見交換や調整をしながら今期の部下の目標を決定します。目標管理シートは、図５-２を参考にしてください。

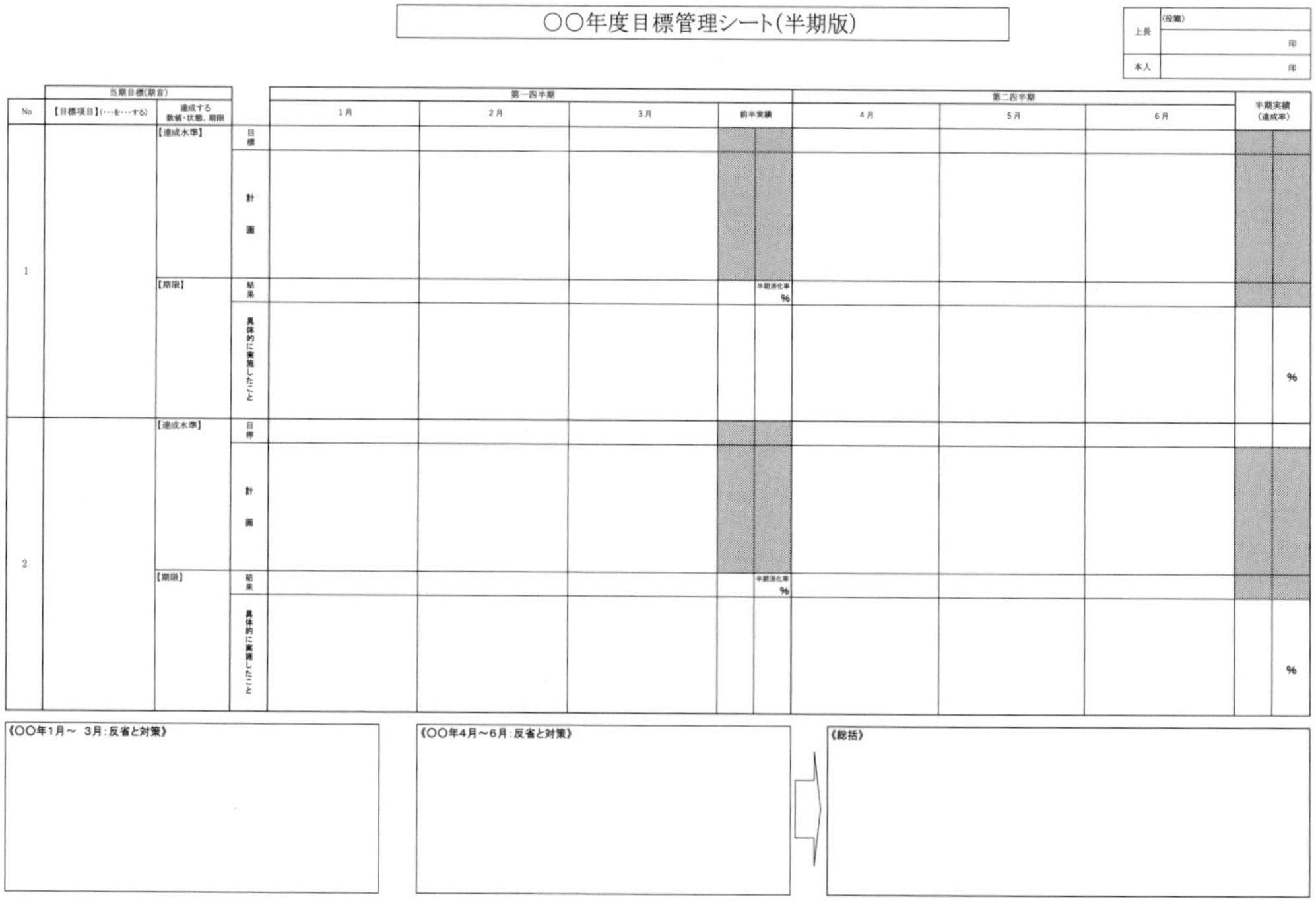
○○年度目標管理シート(半期版)
上長
(役職)
印
本人
印
当期目標(期首)
No
【目標項目】(…を…する)
達成する数値・状態、期限
【達成水準】
【期限】
目標
計画
結果
具体的に実施したこと
第一四半期
1月
2月
3月
前半実績
半期消化率
%
第二四半期
4月
5月
6月
半期実績(達成率)
%
1
2
《○○年1月～ 3月:反省と対策》
《○○年4月～6月:反省と対策》
《総括》

図 5-2　目標管理シート

その際、注意しなければならないのは、目標の３要素「何を」「どれだけ」「いつまで」を明確にしておくことです。特に達成水準である「どれだけ」については、期末に確認する際に上司と部下で齟齬がないようにしておかなければなりません。

ポイントは、期初に目標設定する際に極力「数値化」することです。どうしても数値化ができない場合には定性的な目標設定をせざるを得ませんが、上司と部下で達成状態や達成レベルを共有しておくことが大事です。

目標設定後、月間・週間ごとに進捗確認の面談をし、達成・未達にかかわらずＰＤＣＡサイクルを回していきます。その際、適宜適切にアドバイスをし、リーダーが支援できることも確認してください。

⑥挑戦する場や機会を積極的に与える

今の能力では難しくても少し努力すれば達成できそうな仕事を与えてチャレンジさせるのが、挑戦する機会や場を与えるということです。例えば、新人の育成担当やメンターに任命する、新規プロジェクトのリーダーを任せるなどが挙げられます。もう少し簡単なことでは、全体朝礼での３分間スピーチを指名する、部署内の掃除のリーダーに任命する、新しい仕事を与えるなどです。

現在の部下のレベルより少しレベルが高く、チャレンジ性のある仕事を与えることが必要です。ポイントは「少し努力しないと達成できない」仕事や役割だということです。仮に、その仕事や役割をうまく遂行できなくても、できるようになろうと努力するプロセスが大事です。そこに部下の成長が期待できます。

⑦仕事・役割の意義、重要性、組織への貢献の度合いを認識させる

部下に仕事を任せる際には、まず、その仕事の目的や意義を明確に伝えなければなりません。例えば「お客様の声」や顧客アンケートなどで感謝の声が寄せられたのであれば、その内容を公開することで、部下も仕事の意義や貢献度合いなどを感じやすくなります。

また、製造業の場合は仕事の工程ごとに役割分担されているので、案外、自分が担当している製造部品が最終的にどのような商品になるのか、また、どのようなお客様に提供されるのかを知らず（知らされず）に作業をしている担当者も少なくありません。これでは、目標も不明確であり、何のため誰のために作業をしているのかさえも認識できず、当然モチベーションも上がりません。そうならないように、部下が担当している作業は全体工程の中のどの部分であり、最終的には○○として商品化されるといったことを伝えましょう。また、どんなお客様に提供されるかなどもあらかじめ説明しておくと、なおよいです。そ

うしなければ「お客様の立場に立って仕事をしよう」といくら号令をかけても、メンバーには伝わりません。

⑧適時適切なチェックを行い、部下にフィードバックする

報告が部下の義務であるように、リーダーの役割は、部下に割り付けている仕事の進捗状況などを都度確認することです。ただし、頻繁に細かい点まで確認したり、仕事の進め方に必要以上の口出しをしたりする「マイクロマネジメント」にならないよう気を付けなければなりません。

また、進捗確認をする際は「予定通りに進んでいるね。期限までに間に合いそうで安心したよ。最後まで気を抜かずに頑張ってください」などとポジティブフィードバックを心がけてください。「ミスもなく進んでいて、仕事の出来栄えも期待以上ですね」、「あと1週間でこの仕事も完了ですね。予定より早く進んでいるので助かります」などでもよいでしょう。仕事の出来栄えや進捗具合を確認したら、必ずリーダーから適切な評価を伝え、部下のモチベーションを向上させて次の成長につなげてください。

⑨部下の個性や得意なことを生かし、好きな仕事を与える

人は、自分が得意なことや好きなことをしている時はモチベーションが向上し、夢中になって、積極的に物事に取り組むようになります。誰でも幼い頃、自分の好きな遊びやスポーツをしている時には、時間も忘れて熱中していたはずです。私は田舎育ちですが、よく幼い頃、必死でセミの幼虫やチョウチョのサナギなどを採ったり、メダカやドジョウを捕まえたり、近所の池にフナやコイを釣りに行ったり、また近所のお寺で缶蹴りなどをして時間を忘れて夢中になって遊んでいたことを思い出します。

仕事も同様です。部下の得意なことや好きなことを把握して、それを生かせる仕事があれば、リーダーの裁量内でその仕事を割り付けます。陽気で宴会好きな部下にはイベントの企画・運営を、特定の技術に長けた部下には、その技術をメンバーに教える役割を与えます。また、金銭管理の得意な部下にはリーダーと一緒に予算管理に取り組んでもらってもよいかもしれません。おそらく、好きなこと得意なことであれば、喜んで引き受けてくれることと思います。

リーダー自身のやる気の維持

部下のやる気を上げるには、まずはリーダー自身のモチベーションを維持しておくことが大事です。リーダーのやる気が低いと心にゆとりが持てず、部下を含め周囲に対しての気配りや心配りができるはずはありません。ましてや部下のやる気を上げようとする意欲も湧いてきません。そのため、まずは、リーダー自身のやる気が高まっていることが大前提です。

人のやる気の要因は多岐にわたります。次の具体策を参考に、自身に合うものを選んでモチベーション維持に努めてください。

①キャリアビジョンを設定する

中長期のキャリアビジョンを設定し、その目標を達成するための具体策やスケジュールに落とし込みます。例えば「55歳で退職。人事業務の経験を生かして、中小企業を対象とした社会保険労務士を目指す」といった目標を設定します。実現に社会保険労務士の資格取得は必須です。また、中小企業診断士の資格もあれば経営全般についてのコンサルティングをする際に活用できそうです。

次に中期・短期のスケジュールを決めていきます。２つの資格を取得する期限は？　そのためにどんな内容を何時間勉強しなければならないのか？　といったことを検討します。それが決まれば、日ごと、週間、月間、年間のスケジュールに基づき、詳細な準備を進めていきます。

キャリアビジョンが定まれば、現在担当している人事業務も将来独立した時に役立つと認識でき、意欲的に仕事に取り組めます。

②仕事で改善点を探す（常に考えて動く）

日々決められたことをただこなすだけでは、仕事も楽しくないし、自身の成長にもつながりません。常に「今より良くするにはどうすればよいか」を考えながら仕事を進めていると、より良いアイデアが浮かんできます。

今より早く、今より効果的に、今の商品・サービスよりお客様にとって喜ばれるものを、などと考えながら仕事に取り組んでみてください。浮かんできたアイデアを実践した結果、今までより良くなればモチベーションも上がるはずです。

③資格取得を目指す

将来のキャリアビジョンに向けて、または自分のスキルアップのためなどに、約1000種類の中から資格を選び、取得を目指します。ビジネスパーソンが活用しやすい資格は、中小企業診断士、社会保険労務士、ファイナンシャルプランナー、宅建（宅地建物取引士）、行政書士、建築士などです。

④本や講習会などで刺激やヒントを得る

自分への投資（時間・お金）は決して惜しみません。担当業務に関連する書籍を読んで専門知識を身に付けたり、自己啓発本を読んだりして、専門家の力を借りて仕事に必要な知識・技術を効果的に身に付けます。新しい知識に接することは刺激になります。また、自分の仕事や人生のヒントになるでしょう。

⑤小さな達成感を積み重ねる

ToDoリストなどを活用して、翌日または1週間以内に「やらなければならないこと」を箇条書きにします。そして、一つひとつ完了するごとに消し込んでいきます。こうして、小さな「うまくいったこと」を確認しながら、達成感を味わいます。

また、白紙のメモ用紙に1週間以内にやらなければならない項目と期限を記入し、都度、完了するたびに赤のボールペンで消し込むのもいいでしょう。ポイントは、小さな達成感を得ることです。また、書くことによってやらなければならない仕事を整理でき、優先順位をつけることもできます。そして何よりも、行動に結び付きます。もし、消せなかった項目があれば、反省をして、次のゴールを再設定します。

⑥何かで「ナンバーワン」になる

公言しても構いませんし、誰にも言わずにひそかに取り組んでも構いませんが、何かの分野でナンバーワンを目指しましょう。例えば「1番早く出社する」、「必ず先手で朝の挨拶をする」、「会議では1番に発言する」など。自己満足でも構いません。ナンバーワンになれることを探して、目指してみませんか。

⑦仕事にメリハリをつける（コーヒーブレイク）

四六時中、休みなく張りつめて仕事をしていると、本人が気づいていなくても疲れてきます。気分転換をしないと、良い発想も生まれにくいものです。仕事中にコーヒーブレイクなどの小休憩をしたり、外勤中であればカフェに立ち寄ってホッと一息ついたりしながら気分転換を図りましょう。

　また、デスクワークをしている方は、意識的に立ち上がって首を回したり足の屈伸をしたりするなど、軽い運動を取り入れてリフレッシュしてはいかがでしょうか。

⑧プライベートの楽しみを見つける

　家族との団欒《だんらん》、晩酌、趣味、ジムで体を鍛える、飲み会、夜のウォーキング、ひいきチームの野球観戦など、何でも構いません。注意点は、楽しみな予定がある時は仕事を自宅に持ち帰らないことです。

⑨プライベートの予定を立てる

　自分の趣味嗜好《しこう》などの目標やルーティンを決め、計画を立てて実行します。例えば、マラソンが趣味であれば「次のマラソン大会で目標タイムを達成するために、毎朝○ｋｍ走る」など。また「週末に仲間とゴルフに行く」、「家族でディズニーランドへ行く」、「次の連休に○○温泉へ行く」、「家に帰ったら先週買ったあのお酒を飲もう」、「神様仏様に感謝を伝え、御朱印を集めるためにも神社仏閣めぐりをする」など、自分が楽しめる計画を立てて、それを励みに仕事に取り組みます。

ます。

⑩記念日のお祝いをする

結婚記念日、家族や友達の誕生日、クリスマス、正月、ハロウィンパーティーなど、日常生活の中に特別な「ハレの日」を設定し、自分や相手が喜び楽しめるように企画準備します。

⑪「人生の目的」を考えてみる

稲盛氏は、人生の目的は「魂を磨くこと」だと述べています。生まれた時よりもきれいな魂になる。つまり、人格を磨くことです。また、人は「世のため人のためになることをするために生まれてきている」ともいわれています。

「人生の目的」は、試験問題のように決まった答えはなく、人それぞれ違います。なかなか答えが見つからないかもしれません。先人の言葉も参考にしながら、「自分は何のために生まれてきたのか」を考えることも自身のモチベーション維持には必要ではないでしょうか。

あなたの人生の目的は何ですか？ 目的が明確になれば、その目的を実現するために必要な具体的行動を取り続けることにより、モチベーションを維持することができます。

2．部下のやる気を引き出す５つの褒め方

よかれと思ってやりがちなＮＧ行動

まずは、従来の褒め方のＮＧを確認しておきましょう。

①人前で褒める

人前で褒める前に「褒める基準」を公にしておく必要があります。そうでなければ、褒められていない人が不満を持つ可能性もあります。恥ずかしがり屋な人、控えめな人などは、公の場で褒められることを好まない人もいます。また、イマドキ社員は自分だけが人前で褒められるのを嫌う傾向もあるようです。

人前で褒めるのが効果的なケースもありますが、人前で褒められるのを苦手とするメンバーには1対1で褒めるのが効果的です。相手の特性などを考慮して判断してください。

②抽象的に褒める

「部下は褒めると育つ」という点にとらわれ、とりあえず褒めるケースです。抽象的な

褒め言葉を使うと、リーダーは形式的に褒めているのだと部下も感づきます。本心から褒めることが大切です。部下のやる気を上げることを心から願い、褒めるべきポイントを具体的に指摘することが大事です。

③結果だけ褒める

結果をもたらすためのプロセス、日頃の努力も併せて褒めることが大切です。そうすることで、部下は、リーダーが日頃から自分の仕事ぶりまで見てくれているのだと思い、さらにやる気が向上します。

また、イマドキ社員は、公に個人を褒められるより、チーム全体を褒められる方を喜ぶ傾向があります。例えば「今回このプロジェクトを成功させたのは、チームワークのたまものですね。メンバーの皆さんが、自分の担当業務を期日までにしっかり終えるよう日々努力してくれたおかげです。また、他のメンバーにやり方を教えたり教えられたり、困っていると手伝ったり手伝ってもらったりもしていましたね。本当にお疲れさまでした。ありがとうございました」などと言葉にしましょう。

全てにおいて、「笑顔」で褒める

デール・カーネギー著『人を動かす』において、「人に好かれる六原則」の第二原則として「笑顔は好意のメッセンジャー」と記されています。つまり、褒める際にはノンバーバル（非言語）・コミュニケーションである声の調子や表情（笑顔）などが伴っていることも大切です。

傾聴と同様、まずは、**アイコンタクト**。相手の目をしっかりと見て褒めてください。パソコン画面を見ながらだったり、何かをしながら褒めたりすると効果は半減します。

表情は、**心から笑顔**で褒めてください。表情を変化させずに真顔で褒めたり、怒ったような顔で褒めたりしても、相手は褒められていると感じません。笑顔が苦手なリーダーは、口角を上げて少し目を細めてみてください。ミッキーマウスの口元をイメージするとよいでしょう。

また、**声のトーンや大きさ**も意識してください。部下を褒める時には、リーダーも少しハイテンションになっているはずですから、声のボリュームを上げ、明るいトーンで褒めましょう。

その他、体の動作（**身振り手振り**）もつけてください。例えば、握手、拍手、抱擁など。

ただし、抱擁は相手によってはセクハラとみなされますので、注意が必要です。

以上をまとめると、「褒める行為＝アイコンタクト＋笑顔＋声＋動作」ということになります。それでは次に「部下のやる気を引き出す５つの褒め方」を説明します。

他人と比べて褒めるのではなく、過去の本人と比べて褒める

「Ａさんよりもよくできている」と他人と比較するのではなく、「以前よりうまくなった」などと過去の本人よりどのような点で良くなったかを褒めましょう。基本的には、少し前の時期との比較で褒めるのが効果的です。そのためには、部下の細かい変化を見逃さないことが大切です。

例えば「２週間前にはこの作業がおぼつかなかったけれど、１人で完全に遂行できるようになったね」などの声をかけると、「リーダーは普段から自分の仕事ぶりをよく見てくれているのだな」とうれしい気持ちになり、やる気も湧いてきます。

一方、比較する対象があまりに前のことだと、人によっては馬鹿にされているように感じることもあるかもしれません。「入社間もない時と比べると仕事のスピードも速くなり、ミスや失敗も激減したね」といった褒め方は、入社２、３年目の社員は「今頃、なぜ？」

と思うでしょう。モチベーションが上がるどころか、「今までの仕事ぶりは見てくれてなかったのだろうか」とリーダーへの不信感が芽生えるかもしれません。

Youメッセージの後にIメッセージを付け加える

Ｙｏｕメッセージとは「あなた」を主語にした言葉で、Ｉ（アイ）メッセージは「私」を主語にした表現です。**部下の言動に対してリーダー自身が感じたり影響を受けたりしたことを表現すること**で、部下の行為が他者に影響を与えていると実感させることができます。具体的な内容を述べることで、不自然さを解消できます。

例えば「君が改善・工夫した仕事のやり方は素晴らしいね。私は非常に効果的で効率的だと思うよ。ぜひ、他のメンバーにもやり方を説明してくれませんか」、「○○さんはいつも仕事の中間報告や完了報告が早いですね。大変助かります。私も見習って、上司やメンバーへの報告をもっと素早くしようと思うよ」といった伝え方です。

しかし、Ｉメッセージがパターン化してしまうと、不自然でわざとらしく感じられます。「○○さんの仕事の出来栄えは群を抜いているね。私も素晴らしいと思うよ」、「今朝の君の挨拶の声は大きくていいね。私も元気に頑張ろう！」などは、取って付けた印象を与えてしまいがちです。

さらなる成長につながるアドバイスを織り交ぜる

現状を褒めるだけでなく、次への期待も込めた褒め方です。次のステップがさらなる成長につながることを、部下に分かりやすく伝えます。ただし、プレッシャーを感じさせないように、期限を長く設定したり、本人に期限を決めさせたりします。

「君の努力と工夫で作業を10分短縮できました。さらに、10分短縮する方法を検討してくれませんか。その方法を考えることが君のレベルアップにもなるし、他の作業の進行にも影響します。2カ月後くらいをめどに取り組んでみてくれませんか? いつでも相談に乗ります」。期限は「いつ頃をめどにできそうですか?」などと問いかけ、部下自身に決めさせてもよいでしょう。

部下自身も仕事の目標を達成したり、苦手を克服したりしてリーダーに褒めてもらいたいと思っています。そのため、褒めてすぐに次の課題を提示されると、プレッシャーを感じて、褒められた喜びが薄らいでしまうかもしれないので注意が必要です。

「感謝の言葉＋３Ｓ言葉＋具体的行動（＋メンバーとの共有）」で褒める

先述のとおり、３Ｓ言葉とは「すごい・さすが・素晴らしい」の３つを指します。これだけだと抽象的なので、そこに続けて褒めるべき具体的な行動を指摘し、メンバーとも共有したいと伝えることがポイントです。

例えば「ありがとうございます。今月の営業目標も達成しましたね。さすがです。やはり、顧客先への距離や所要時間、重要度などを勘案しながら効果的・効率的に訪問計画を立てているのが功を奏していますね。そのノウハウを他のメンバーにも教えてあげてください」などと伝えます。

しかし、何度も同じような褒め方を繰り返すと、相手は決まりきったお世辞のように感じてくるかもしれないので、褒め方のバリエーションは増やしておきましょう。

なお、感謝の言葉である「ありがとうございます」について、とある量子力学の専門家の方から話を伺ったことがあります。「有り難い」は読んで字のごとく「有ることが難しい」「めったにない」という意味で、「御座居ます」は「尊い存在が尊い場に居らっしゃる」という意味だと聞きました。「有り難う」に「御座居ます」を付け加えると「有り難う」の言霊《ことだま》の力が強くなるとのことです。

信じるかどうかは意見が分かれるかもしれませんが、興味を持った方はぜひ、意識して「ありがとうございます」と感謝の言葉を述べてはいかがでしょうか。私もできるだけ意識して「ありがとうございます」を伝えるようにしています。

最後に期待や激励の言葉を伝える（ピグマリオン・マネジメント）

50ページで触れた「ピグマリオン」とは、ギリシャ神話に出てくるキプロス王のことで、彼は彫刻の名人でもありました。ある時、キプロス王は象牙に美しい女性の像を彫ります。その像のあまりの美しさに、王は心を奪われ、恋をしてしまいます。そして女性像を生きた人間のように扱い、挙げ句の果てに、象牙の像に生命を吹き込んでほしいと神に願い出ました。この願いはかなえられ、女性像は「ガラテア」という名前を与えられます。そしてキプロス王は彼女と結婚するのです。

元ハーバード大学教授の教育心理学者のロバート・ローゼンタールは、教室における実験から、教師の期待や働きかけが生徒のやる気を起こさせたり、失わせたりすることを明らかにしました。そして、このギリシャ神話にちなんで、これを「ピグマリオン効果」と名付けました。

そして、これをマネジメントに援用したのが、元ハーバード・ビジネススクール教授のJ・スターリング・リビングストンです。「**人は期待されればされるほど、その期待に応えてやる気を向上させて成果を出す**」という教育心理学の一つです。リーダーは期待している部下に対しては仕事ぶりを注視し、アドバイスやサポートも多くなります。その結果、部下もその期待やアドバイスなどに応えようとやる気を出し、成果に結び付くのです。

褒める際は期待や激励だけではなく、「難しいと感じるところがあれば相談に乗るよ。一緒に考えよう」などと具体的なサポートを提案したり、さらなる成長につながることを伝えたりしましょう。また、ミスの多い部下に対しては「仕事のミスを少しずつ減らしていくことを期待しているよ。特に、次からは○○の点に注意して取り組んでみてください。ミスがなくなったら次のステップに進みましょう」などと伝えるとよいでしょう。

部下によっては期待されるとプレッシャーを感じるケースもあるかもしれません。また「期待しているから頑張れよ！」だけでは形式的に受け取られるかもしれず、それでは効果は見込めません。さらに、他のメンバーへの声かけを耳にした別のメンバーが「自分はリーダーから期待の言葉をかけられたことがない。自分は期待されていないのではないか」とやる気をなくしてしまう場合もあります。えこひいきしていると受け取られないように、平等な対応が必要です。

なお、ピグマリオン効果の逆のものとして「ゴーレム効果」というものがあります。ゴーレムはユダヤの伝説にある「意思のない泥人形」のことで、ゴーレム効果とは、人は周囲からの期待が低ければ、その期待どおりにパフォーマンスが低下するという心理効果です。「見込みがないと思って期待せずに接すると、暗黙のうちに相手に伝わり、相手のパフォーマンスが低下してしまう」とされています。

第6章

今日から使える！
場面ごとの声かけフレーズ集

1. リーダーの声かけ例に学ぶ

これまで述べてきたとおり、イマドキ社員は上から目線ではなく対等な立場で話を聞いてくれるリーダーに好感を持ちます。アドラー心理学で言う「横から目線」が重要だということです。本章では、こうしたイマドキ社員の特徴を踏まえて、部下のやる気を引き出す声かけフレーズを場面ごとに見ていきましょう。

まずは、令和の時代に支持されるリーダーたちの声かけ術を参考にします。部下のやる気を引き出すことに成功したリーダーたちは、どのようなフレーズを使っていたのでしょうか。

元なでしこジャパン・佐々木監督

元なでしこジャパンの佐々木則夫監督（以下、佐々木氏）は、いつでも選手と同じ目線の高さ、「横から目線」で対応していたそうです。選手たちは監督のことを「佐々木監督」ではなく、コーチ時代から「ノリさん」と呼んでいました。このことからも、佐々木氏の度量の大きさやフレンドリーな方だということが分かります。さらに、遠征中や合宿中には宿泊先の自室のドアを常に開放し、選手がいつでも相談に来やすいようにしていたそうです。

佐々木氏は選手から慕われ、ある面ではかわいがられ、良好な人間関係や信頼関係が出来上がっていたのだと感じます。女性選手たちへの接し方についても、何度か失敗を重ねながらも、その都度選手から適切なアドバイスをもらい、それを素直に受け入れることで彼女たちへの理解が深まったそうです。

そして佐々木氏は、レギュラー選手もさることながら、特に試合に出られないサブの選手の行動を意識的に見て、良いところを2つ、足りないところを一つ指摘して「良くなっているよ」とか「意欲が伝わってきているよ」などといった声かけをしていました。サブ選手に「あなたのことをしっかり見ている」というサインを送り、モチベーションアップに結び付けていたのです。

試合で使うか使わないかは別として、監視するのではなく「試合には使っていないけれど、ちゃんと見ているよ」というメッセージを発信しておけば、選手は前向きに、モチベーションを落とさずにやってくれると語っていました。

この例を職場に置き換えてみましょう。昇進や昇格が遅れている部下、または仕事の覚えが悪くスキル向上が遅い部下などには、あえて意識して「あなたのことをいつも見ているよ」というメッセージを伝えることです。各メンバーのレベルや仕事ぶりに応じて、言葉を選びながら、態度や表情、声かけなどでリーダーが感じたことを素直に伝えていきましょう。

著者の一声運動

私も、会社勤務時代には、自分の仕事が一区切りした時や席を立った時などに「どう？うまく進んでる？」とか「困っていることはない？」「あとどれくらいかかりそう？」などと声をかけていました。たまには「ちょっとお茶でも飲んで休憩しないか？」などと誘って気分転換を図り、リラックスした中で会話の機会を増やすようにしていました。

リーダーは多忙なものですが、ぜひこまめに部下に声をかけてください。声をかけるためには、日頃から部下をよく見ていることが大事です。その上で、一声かける取り組みを続けてほしいと思います。

そうはいっても忘れてしまいがちな時は「部下全員に1日1回は声をかける」などと目標を設定し、「実績÷目標数」で達成度を測りながら継続・実践してください。

2. 部下をよく観察する

リーダーがイマドキ社員をはじめとする部下に声かけをする際、よく使われるのは「頑張れ」などの励まし言葉です。しかし、今でも十分に頑張って仕事をしている部下は、「これ以上何を頑張ればよいのか」と感じることもあります。これはひいては「上司は自分の働きぶりを見てくれていない」「自分に関心がない」という、リーダーへの不信感へとつながる可能性もあります。

とはいえ「頑張れ」が常にだめだというわけではありません。具体的な仕事のやり方や改善方法などを教えた上で、最後に「頑張れ！」と励ましの言葉を添えるのは効果的です。大事なことは、日頃から部下を気にかけ、観察し、部下の変化に気付いた上で声をかけることです。

①「観察する意識」を持つ

観察とはボーッと見るのではなく、注意深く見ることです。部下の表情や態度・行動などから、その本心を推察します。日頃の部下の表情や態度、仕事ぶりなどを注意深く観察することで部下の変化に気付けるでしょう。何よりもまず、部下の仕事ぶりを「観察しようと思う」ことが大切です。

先入観を持たずに、部下のありのままの姿を見ることが大切です。このように言うと、リーダーの皆さんからは「そんなことは分かっているが、忙しくてそれどころではない」という答えが返ってくることでしょう。管理・監督職であるリーダーは、実務も多く、求められる仕事の質も高いものです。

しかし、多忙を理由に部下を気にかけられないのでは、状況は何も変わりません。リーダーに与えられた仕事の目標は、部下がいなければ達成できないのです。できない理由を探すのではなく、「どうすればできるか」、つまり、どうすれば部下を観察できるようになるのかと、工夫する努力をしてください。それは、リーダーの役割でもあり責任でもあります。まずは、意識して部下を「観察する」という気持ちを強く持つことです。

②目つき、表情・態度、行動を見る

では、部下のどこを観察すればよいのでしょうか？ それは、目つき、表情・態度、行動（仕事ぶり）です。

アメリカの心理学者アルバート・メラビアンが提唱した「メラビアンの法則」はご存じでしょうか？ 人と人がコミュニケーションを行う際、言語・聴覚・視覚の各情報が矛盾して表現された場合に、どの情報が優先して相手の印象に影響するかを示したものです。

メラビアンの法則によると、視覚情報55％、聴覚情報38％、言語情報７％の順に相手に与える影響の大きさを示す結果になりました。つまり、言語（バーバル）コミュニケーションの割合は７％と少なく、逆に、非言語（ノン・バーバル）コミュニケーションの割合は93％（聴覚情報38％＋視覚情報55％）であり、人は非言語情報を優先して判断する傾向にあるということです。

こうした法則も参考にしながら、相手の非言語コミュニケーション

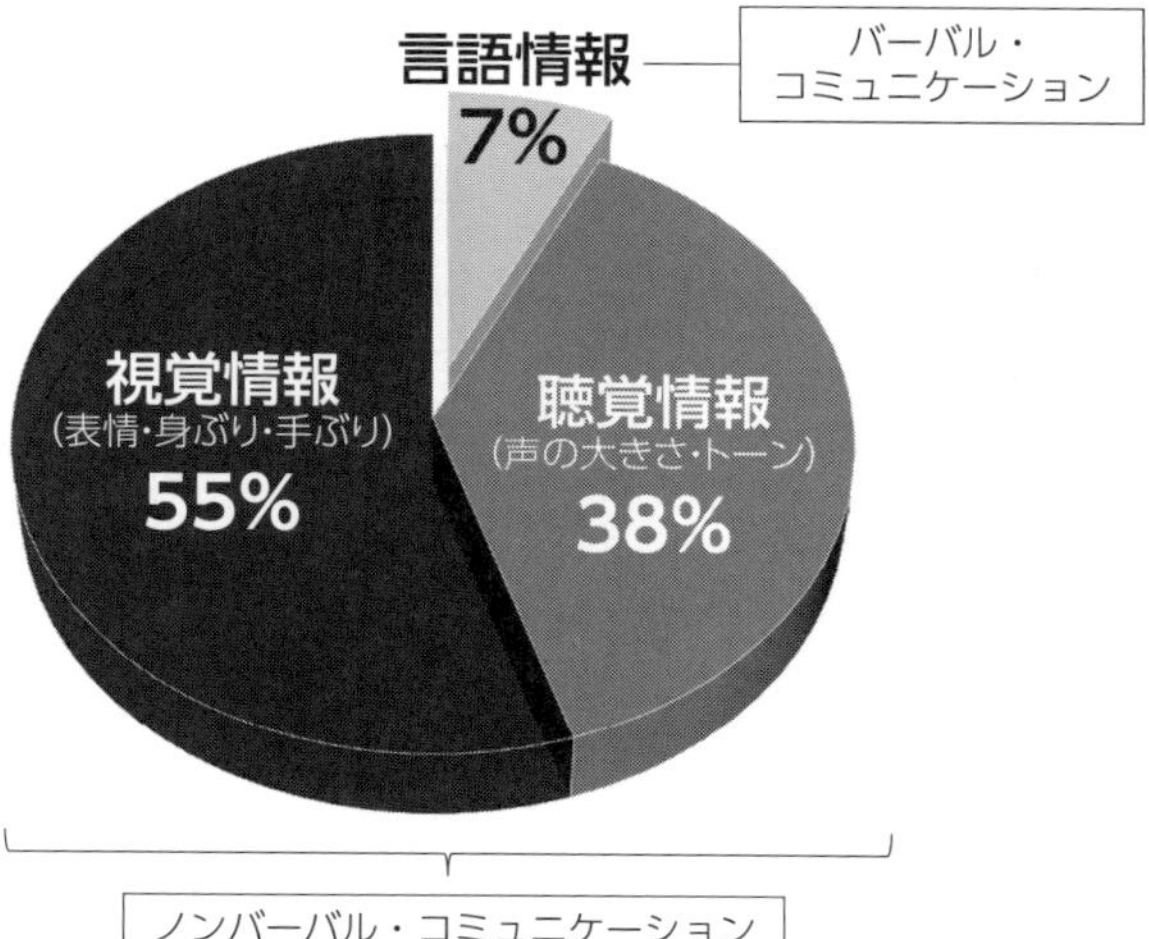

図 6-1　メラビアンの法則

を注意深く観察してみてください。部下の目つきや表情・態度などから受け取った印象をもとに、相手の心身の状態を推察してみるのです。

・声のトーン、大きさ

一般的に、声のトーンや大きさによって相手が受ける印象も変わります。

〔声のトーンの高低〕

声のトーンが高いと「明るい、元気、喜び」など、肯定的でポジティブな印象です。一方、声のトーンが低いと、「暗い、元気がない、悲しみ」など、否定的でネガティブな感じになります。

〔声の大小〕

大きい声は「外交的、自信がある、活力がある、リーダーシップがある、元気、威圧的、自己主張が強い」などの印象です。逆に、小さな声は「内向的、控えめ、慎重、思慮深い、元気がない、自信がない、疲労感、病気」などを感じてしまいます。

以前、私も外出中に部下と電話でやり取りをした際、部下の声がいつもより小さく、少し低いトーンに感じたことがありました。電話を切ってから心配になり、再度電話をかけ直しました。すると、少し風邪気味とのこと。幸いなことに大事ではありませんでしたが、日頃は明るく元気な声の部下の「いつもと違う変化」を感じたために取った行動でした。

このように、声から変化を感じ取ったならば、躊躇《ちゅうちょ》せずに声をかけてください。もし思い過ごしだったなら「何事もなければそれでよし」と考えましょう。

・目つき、視線

「目は心の窓」という言葉があります。「目を見れば、その人の思いや本心が分かる」という意味です。リーダー自身も、うれしい時、悲しい時、やる気がない時、悩みがある時など、心に思っていることが目に表れているという自覚があるのではないでしょうか。

〔目つき〕

イキイキとして輝いている目には「やる気、活力、積極性」などを、反対に、曇った目は「意欲の低下、疲労感、悩み」などを感じます。

〔視線〕

強いアイコンタクトは「自信、やる気、活力」などを、逆に、弱々しいアイコンタクトは「自信の欠如、意欲の低下、病気や悩み」などを感じます。

例えば、初対面の人と名刺交換をしたり、向かい合って話をしたりする際にアイコンタクトを取りますね。その時に相手の目から「自信の有無、優しさ・冷たさ」などを感じ取ることができます。部下に対しても同じようなことが言えます。瞳孔が開いて真っすぐ自分を見ている目、真剣なまなざしなどからは、自信や意欲の高さがうかがえます。逆に、伏し目がち、弱々しい目つきをしている時は自信の欠如や意欲の低下、または病気や悩み事などを抱えている恐れもあります。

・表情・態度、行動

表情・態度、行動などから本人の感情を推察できます。

〔ポジティブな表情・態度、行動〕

笑顔、一生懸命、着実、協力的、てきぱきと仕事をする、集中している、同僚や後輩に仕事を教える、会議などで積極的に発言する、規則・ルールを順守する、時間や期限を順守する、先手で挨拶するなどのポジティブな態度や行動からは「元気、前向き、明るい、やる気がある、面白い、うれしい」といった印象です。

〔ネガティブな表情・態度、行動〕

不愛想、非協力的、仕事が遅い、無駄話が多い、会議で発言しない、規則・ルールを破る、挨拶しない、時間や期限を守らない、批判的、疲れている、マンネリ気味であるなどのネガティブな態度や行動からは「暗い、消極的、やる気がない、面白くない、うれしくない」などの印象を受けます。

③変化を見る

部下の目つき・視線、表情・態度、行動などの非言語情報をよく観察し、日頃の彼・彼女たちの変化を認識してください。ポジティブな印象やネガティブな印象を感じた際に声かけをします。日頃から注意して部下を観察していないと変化に気付けず、適切なタイミングでやる気の出る声かけをすることもできません。部下の「変化」を見逃さないことが何よりも大事です。

3．やる気を引き出す声かけのポイント

適切なタイミングに

やる気を引き出すには、「いつ声をかけるか」というタイミングもとても重要です。しかし、個人や状況によって適切なタイミングは異なります。効果的なタイミングを理解し、実践していきましょう。

①仕事の目標達成時や成果を上げた時

仕事の目標を達成したり成果を上げたりした時には、内発的動機付けの一つである「達成感」を部下自身も感じて、やる気がみなぎります。リーダーはその直後に褒めることで、さらに部下のモチベーションアップにつながります。

②昇進・昇格時

イベントのリーダー役に就任した時や社内の人事異動で昇進や昇格をした際に、期待や激励の言葉を伝えることでやる気を引き出します。ただし、プレッシャーを感じさせない

ように注意が必要です。

③熱心に仕事に取り組んでいる時

新しい仕事や困難な課題に取り組んでいる時に、一声かけて励ますことで部下はモチベーションを維持できます。

④部下のプラス行動に気付いた時

日々の小さな成果や毎日の仕事に対する努力を認めることで、部下に「リーダーは自分をよく見てくれている」というメッセージが伝わり、承認欲求が満たされます。同時に、リーダーからのプラスの精神的・肯定的ストローク（褒める）を受け取るため、モチベーション維持にもつながります。

⑤チームミーティングや会議の前後

チームミーティングや会議などの前後に一声かけることで、参加意欲を高めることができます。また、終了後に期待や激励の言葉をかけると、会議などでの決定事項に積極的に取り組むための意欲を引き出すこともできます。

⑥部下の成長や改善などが見られた時

仕事のスキルアップや勤務態度の改善などが見られた時に、その変化を認めて声をかけることで、さらなる成長を促せます。

⑦依頼したことへの完了報告時

部下に指示や依頼をしたことについて、その完了報告を受けた時には感謝の言葉を述べましょう。たった一言であっても喜びを与えることができます。

⑧ミス・トラブルなど、失敗の直後

部下が仕事のミスや失敗をした後に、フィードバックを行うことで、失敗から学び今後の成長に生かすことができます。

適切なタイミングは個人の性格や仕事のスタイル、その時の状況によって変わります。リーダーは常にメンバーの様子を観察し、各人に合わせた適切なタイミングを見極めることが重要です。

具体的な言葉で

抽象的な言葉で声をかけても、部下のやる気を引き出せるどころか、かえってやる気を失わせてしまう場合もあります。具体的で相手に分かりやすい言葉を使いましょう。ここでは、具体的な声かけ例を見ていきます。

①予算を達成した場合

「今月の売上予算に対して１１０％の達成率ですね。おめでとう！（軽く拍手）売上比率の大きい週末にターゲットを合わせて、売れ筋商品を把握して、的確に売数予測を立てて商品を確保する努力をしていましたね。私はそれが達成の要因だと思うのですが、君は達成要因は何だと考えていますか？」

②仕事の改善・工夫が見られた場合

「1カ月前には1時間以上かかっていた作業が、1時間以内に完了できるようになりましたね。作業全体を見直して無駄な工程を削減した結果ですね」

貢献度を明確に

部下を褒めるシチュエーションの一つに「チームや組織に貢献した時」があります。こうした際も抽象的な言葉ではなく、部下のどんな行為がどれくらい貢献したのか、具体的に指摘して褒めましょう。

①チームへの影響度を伝える

「顧客アンケートに○○さんの名前がたびたび挙がっていますね。接客対応力がお客様から評価されて、チーム全体の顧客満足度も向上し、顧客数が前年対比120％まで伸びました。ありがとうございます」

②他のメンバーへの影響を伝える

「○○さんが毎朝元気のいい挨拶をするので、最近、他のメンバーも少しずつ挨拶をする人が増えてきました。ありがとう！　あなたが良いお手本になってくれているおかげです。」

③貢献度を数字で示す

「お疲れさま！ 今回の会社周辺のゴミ拾いは、〇〇さんの活躍が目立ちましたね。他のメンバーはおおむね1袋のゴミを集めていましたが、〇〇さんはほぼ2倍の2袋も集めてくれました。すごいです。今までで1番多く集めた記録かもしれません。すっかり会社周辺がきれいになりました。ありがとう！」

④チームの成長に寄与していることを認める

「この1年間で君の仕事スキルがかなり向上したことで、今回の難しいプロジェクトを見事にやり遂げることができました。君の貢献に感謝します。ありがとう」

⑤お客様からの好評価を伝える

「数名のお客様から『〇〇さんは接客応対が丁寧で、笑顔も素敵だ』と伺いました。〇〇さんの笑顔に会うために来店してくださっている方もいらっしゃるようです。これは素晴らしいことです。おかげで当店の評価もうなぎ上りです。ありがとう」

こうした声かけを継続的に行うことで、社員は自分の貢献が認められていると感じ、さらなるモチベーション向上につながります。

4．場面ごとの声かけ

承認する（褒める）

第5章からここまで解説してきたように、イマドキ社員を褒める際のポイントは、次のとおりです。

・笑顔
・部下の名前を呼ぶ
・3S言葉を使う
・祝福の言葉を伝える、拍手をする
・貢献度を伝える
・感謝を伝える
・Iメッセージを添える

・次の課題を提示する
・期待・激励を述べる

これらのポイントも念頭に置きながら、場面別に具体的な声かけフレーズを確認していきましょう。

①目標を達成した時

〔プロジェクトを成功に導いた〕

「○○さん、今回のプロジェクトを期限までに見事にやり終えましたね。素晴らしいです。成功おめでとうございます！」

「プロジェクトの期限が遅れたり失敗したりしたら、会社の業績にもかなりのマイナス影響を与えたことでしょう。見事に成功に導いてくれたおかげで、会社に大きな貢献をしてくれました。私もチームのリーダーとして誇らしいです」

〔今年の新卒採用目標数を達成した〕

「○○さん、今年の新卒採用目標数の達成、おめでとうございます！（拍手）」

「おかげで各部署の人員不足を充足できます。ありがとうございます」

〔月間新規顧客獲得目標数を達成した〕

「○○さん、今月の新規顧客獲得目標数を大幅に達成しましたね。さすがです。おめでとうございます！（拍手）」

「○○さんのお客様の立場に立った親身で適切な接客応対は、お客様からもよくお褒めの言葉をいただきます。○○さんのおかげで、チームの月間目標もクリアすることができました。ありがとう！」

②部下が成長したと感じた時

イマドキ社員の成長を認める際のポイントは、次のとおりです。

・過去との比較による変化を具体的に指摘する
・成長した理由を考えさせる
・さらなる成長を目指して次の課題を提示する

では、具体的な声かけフレーズを確認しましょう。


〔今までできなかった作業ができるようになった時〕

「1カ月前にはできなかった作業が1人でできるようになりましたね。素晴らしい」

「最も苦心した箇所はどこですか？ どのようにしてできるようになったのですか？ そのポイントを忘れないでください」

「次は〇〇作業ですね。前回の作業よりも工程が少し多いけれど、ポイントは同じです。君ならすぐできるようになると思いますよ。早速チャレンジしてみてください」

「どのくらいで習熟できそうですか？ ……分かりました。楽しみに待っています」

〔人前でうまく話せるようになった時〕
「〇〇さん、お疲れさまでした。先ほどの3分間スピーチは素晴らしかったですよ。失礼ながら、半年前の新人の頃とは段違いです。ほぼ時間内に収まりましたし、全体への目配りもできていて、声も聞き取りやすく語尾もはっきりしていました。話の内容や進め方、また身近な事例にも触れていて分かりやすかったです。かなりの成長ですね」
「さらに身振り手振りなどのジェスチャーも交えながら話をすれば、より皆さんに伝わり、説得力も増すと思います」
「さらなるレベルアップを期待しています。次のスピーチが楽しみです」

〔複数業務を遂行できるようになった〕
「○○さん、すごいです。最近はA作業に並行してB・C作業もできるようになりましたね。これも作業手順をマスターして、A・B・Cを同時並行で進めていくための段取りをうまく組めたからだと思います。今年入社した後輩たちにも、そのノウハウを教えてあげてください。よろしく頼みますよ」

〔仕事のスピードが速くなった〕
「○○さん、最近、仕事が速くなりましたね。素晴らしいです。作業の無理・無駄を改善し、仕事のスキルも向上した結果だと思います。今後は、新しい仕事にも取り組んでもらいたいと考えています。期待しています」

〔仕事の出来栄えが良くなった〕
「○○さん、最近はミスもなく仕事の出来栄えも良くなりましたね。文句のつけようがありません。さすがです。私が今○○さんの仕事をやろうとしたら１つや２つのミスがありそうです。脱帽です」

③善いことをした時

〔エレベーターの乗降時に先を譲る〕

（エレベーターに乗る時）

「素晴らしい！　先頭に並んで、エレベーターのドアが開くと素早く乗り込み、次の方のために右手で〝開く〟ボタンを押しながら、左手でドアが閉まらないように押さえていましたね。完璧です。公の場でそんなに親切にする方をほとんど見かけたことがありません。私も見習わないといけませんね」

（エレベーターから降りる時）

「いやあ、さすがですね。〝開く〟ボタンを押しながら先に他の人たちを降ろして、自分は最後に降りていましたね」

「以前、君と同じような人がいた時には、軽く会釈をしながら『ありがとうございます』と感謝の言葉を伝えていた人を見かけました。私も早速まねをします」

〔電車内で席を譲る〕
「赤ちゃんを抱いたお母さんが電車に乗り込んで来た際、間髪を入れずに席を譲っていましたね。素晴らしいです。あのお母さんは、さぞや助かったことでしょう。あなたも疲れていたはずなのに、優しい思いやりの心を感じました」

〔職場内のゴミを拾っていた〕
「いやあ、○○さん、ありがとう！　最近、めったに職場内でゴミが落ちているのを見かけなくなりました。○○さんがいつも気にかけて拾ってくれているおかげなのですね。さすがです。感謝します」

④依頼されたことをやり遂げた時
〔コピーの依頼をやり終えた時〕
「○○さん、ありがとう！　単にコピーをするだけでなく、依頼した部数分を配布しやすいようにクリップで止めてくれていますね。しかもファイルにとじやすいようにパンチ穴まで開けてくれるとは、さすがです。本当にありがとうございます」

〔来客へのお茶出しをやり終えた時〕

「○○さん、先ほどは、お客様へのお茶出しをありがとうございました。すごいね、お茶を入れるのも上手ですね。お客様から『このお茶はおいしいですね。どちらのお茶ですか？』と褒められましたよ。お茶出しの順番も間違うことなく、上座から丁寧に出していましたね」

〔議事録の作成をやり終えた時〕

「○○さん、お疲れさまでした。依頼していた会議の議事録を確認しました。うまくポイントを押さえて、読みやすく簡潔にまとめられていました。誤字や脱字もなく、申し分ありません。ありがとうございました」

〔他のメンバーの手伝いをやり終えた時〕

「○○さん、先ほどはありがとう！ お疲れさまでした。おかげで遅れていたAさんの仕事もずいぶん進み、当初予定していた納期に間に合いそうです。さっきAさんからも『○○さんのおかげで助かりました』と報告がありました」

適切なフィードバックを行う（叱る）

イマドキ社員を含めた部下のやる気を引き出すには、褒めるだけでなく、適切なフィードバックをすることも有効です。フィードバックにはミスや失敗、ルールやマナーの違反なども含まれるため、時には厳しい声かけをしなければならないこともあるでしょう。

大事なことは、頭ごなしに叱るなど、相手のやる気をそぐような声かけを避けることです。フィードバックにおける声かけのポイントは、次のとおりです。

・頭ごなしに叱らず、少しユーモアを混ぜる
・叱る理由も説明して納得させる
・ミスや失敗の原因と対策を検討して、仕事の改善や次の成長につなげる
・前向きな言葉をかける

失敗は成功のもとです。失敗から学ぶつもりで改善策を考え、また新たにチャレンジしていけるよう声かけをしましょう。

①ミス・失敗をした時

〔作業の単純ミスをした〕

「いつもの○○さんらしくないですね。何か考え事でもしていたのですか？……なるほど、お子さんの誕生日プレゼントを何にしようかと考えていたのですね。○○さんらしくないミスだと思っていました。しかし、考え事をしながら作業をしているとミスだけではなく、けがをすることもありますので十分注意してください」

「まあ、一度や二度のミスや失敗で落ち込まないでください。誰でもみんなミスや失敗をしながら仕事を覚えていくのです。私も同じミスを2回したことがあります。しかし、その後、なぜミスをしたのか原因を考え、どうすれば改善できるのかを具体的に創意工夫しながら仕事をするように努めました。その結果、常に改善意識を持って仕事の質をより良くしようという習慣が身に付いたのでよかったです。しばらくして、仕事の質が上がったと上司からも褒められました。ぜひ、○○さんも今回のミスの原因を考え、改善策を検討して私に報告してくれませんか。その後、どうするかを一緒に考えましょう」

「ところで、お子さんの誕生日祝いの品はもう決まったのですか？ よければ、相談に乗りますよ」

〔レジでつり銭を多く渡してしまった〕

「お札の数え間違いですか？　たまにあるミスですね。私もレジ担当をしていた時には、同じような失敗をした経験があります。しかし、よく気が付きましたね。感心しました。また、正直に早めに報告していただいたことに感謝します。やってしまったことは仕方がありませんが、今回のことをきちんと反省して、今後は同じミスを繰り返さないことが大切です。まずは、○○さんが考える改善策を述べてください。その後、私の方からも参考になりそうな改善策を伝えるので、最終的に2人で話し合って最も良い方法を選択して、今後の仕事の改善につなげましょう」

〔仕事のミスをごまかそうとしている〕

「誰でも仕事のミスや失敗はつきものです。だからごまかす必要はありません。ごまかすという行為は、最もよくないことです。ミスをごまかしても、たいていの場合は後で発覚するものです。それは○○さんの信用を失わせることになります。何より、嘘をついてごまかそうとすると○○さんの良心も痛みませんか？　今回の仕事のミスは、明らかに○○さんの責任です。自分の仕事のミスを認めて謝罪し、改善策を考えて対応することが大事です。ミスを認めることも誠実さの表れです。ごまかしたり隠したりすると誠実さは失われて、メンバーからの信頼をなくしてしまいます」
「そして、ごまかすことなくミスをしても後ろ向きにならずに、その原因と改善策を考えて、今回のミスを次の仕事に生かすことが大切なのです。そうすることで○○さんの成長にもつながります。早速、今回のミスの原因を一緒に考えて改善策を見つけましょう」

〔お客様からクレームがあった〕

「○○さん、先ほどお客様からあなたの対応が悪いと電話でクレームをいただきました。お客様がクレームをくれたことは、ありがたいですね。クレームを真摯に受け止め、電話をくれたお客様に感謝の気持ちを持つことが大切です。〝ジョン・グッドマンの法則〟によると、商品を購入したお客様のうち、クレームを言ってくれるお客様はたったの４％だそうです。さあ、まずは早急に対応策を考えて、お客様にご納得いただけるようにしましょう。今回のクレームの原因と今後の対策を検討するのはその後です。まず、○○さんからクレームに至った詳細を教えてください」
「……なるほど、分かりました。では、早速、当面の対応策を検討しましょう」

〔データの入力ミスをした〕

「○○さん、いつもありがとうございます。依頼したデータに入力ミスがありました。どうかしたのですか？」

「これまでも同様のミスがよく発生しています。データを入力した後、入力間違いがないかどうか2、3回見返すことも必要です。この入力ミスによって担当者が商品を誤って発注したり、請求金額が違ってしまったりして取引先とのトラブルの原因になる場合もあります。ちょっとしたミスが大きなトラブルにつながる可能性がありますので、細心の注意を払って入力してください」

「今後は、私からの入力ミスの指摘がゼロになることを目指してください。まずは、来月の入力ミスは何件以内を目標にしますか？」

〔文書に誤字脱字が見つかった〕

「期日までに資料を提出してくれて、ありがとうございます。ただ、内容に誤字脱字が複数件あったのが残念でした。○○さんに、私が文書の内容をきちんと読んでいるかどうかを試されているのかと思いました（笑）。私は、メンバーから提出された資料はいつも入念に確認しています。○○さんも次からは提出する前に2、3回読み直してみてください。私も自分が書いた文章に誤字脱字を見つけて、ヒヤッとして訂正することもあります」

「資料に誤字脱字がいくつか見つかると、他にもあるかもしれないと疑わしく思ってしまいます。もし、その後誤字脱字が見つからなければ、私の見落としかもしれないと思い、少し不安な気持ちにもなります」

「文章で相手に正しく伝えるためには、読み手の立場に立って誤字脱字や言い回しの不適切な箇所がないかどうかを確認してください。そのためには、提出する前に必ず読み返すことが必要です。ぜひ、これからは私を安心させてください」

②ルール違反

〔始業時間に遅刻した〕
「○○さん、今日は珍しいですね。どうかしましたか？ 遅刻するなんて○○さんらしくないですね。何か楽しい夢でも見ていたのでしょうか？ 覚えているなら私にも聞かせてください」
「お分かりだと思いますが、当社の始業時間は9時ですから、9時から仕事ができる態勢をつくっておいてください。準備時間を考慮すれば、5分前くらいには出社してほしいですね」
「また、やむを得ず遅刻するかもしれない時は、事前に連絡をしてください。連絡なく遅刻をすると通勤途上で事故やトラブルに遭ったのではないかと心配しますから。明日からは、よろしくお願いします。では、今日も頑張りましょう！」

〔昼の休憩時間を超過した〕

「○○さん、時間を忘れるくらいエンジョイしていたのですか？ どんな楽しいことをしていたのでしょう？ 私にも教えてください」

「超過した時間は労働時間です。今後は、休憩時間を守って、しっかりとオンとオフの切り替えをお願いします」

③進捗報告がない

「○○さん、今日は忙しかったのですか。今朝○○さんからの相談に乗って、私がアドバイスしたことはうまくいきましたか？」

「そうですか、分かりました。その後の進捗報告がないので心配しました。もし、成果が出ていないのであれば、さらに相談に乗ろうと思っていたのですよ」

④マナー違反

〔部下が約束の時間に遅れた〕

「よかった、安心しました。そろそろ電話をかけようと思っていたところでした。○○さんは日頃、約束の時間に遅れることがないので、何かトラブルにでも巻き込まれたのかと心配していました。今後はＳＮＳでも構わないので事前に連絡をしてくれるとうれしいです」

「待っている間、おかげで私もたまっていたメールの返信をすることができました（笑）。ありがとう」

〔デスク周りの整理整頓ができていない〕

「○○さん、デスク周りをきれいに片付けると運気が上がるそうですよ。○○さんのデスクの周りを一緒に片付けましょうか。きれいになると自分の気分も良くなるし、何がどこにあるのかが分かるため物を探す手間も省けます。さあ、どうしますか？」

「了解です。では、今から私がお手伝いしましょう！　遠慮せずに、何でも私に指示してください」

〔挨拶を返さない〕

まずはリーダーから先に「○○さん、おはようございます！」と、相手の名前を呼びながら笑顔で挨拶をします。名前を呼ぶと自己重要感が高まり、また、聞こえないふりをしづらくなります。諦めずに、毎日続けましょう。

続いて、挨拶の後に一言を加えます。例えば天気のこと、最近のニュースや休日や休暇の過ごし方など。もし本人が野球やサッカーに興味があるならば、前日の試合結果について話題を投げかけてみるのもよいでしょう。

「○○さん、おはようございます！　今日も暑くなりそうですね。天気予報によると35度を超える猛暑になるそうですよ」

「○○さん、おはようございます！　昨日は君も応援しているホークスが勝ちましたね。4番の山川選手が2本もホームランを打ちましたね。○○さんも見ましたか？」など、まずはコミュニケーションの量を増やすことから始めてください。

〔朝の出勤時に酒臭い〕

「○○さん、おはようございます！　あれ？　今朝もお酒の臭いがしますね。朝から酒風呂にでも入ってから出社しているのですか？（笑）」

「酒の臭いがするということは、多少なりとも酔いがまだ残っているということです。それでは仕事に集中できませんね。すぐ洗面所で顔を洗ってきてください」

「また、酒の臭いは他のメンバーやお客様、取引先に不快感を与えます。〇〇さんの健康面も心配です。今後は、酒を飲みに行く回数や酒の量を減らすよう努力してください。よろしいですか？」

「では、今後、飲みに行く回数や酒の飲む本数の努力目標を教えてください」

通常時

部下のやる気を引き出す声かけは、褒めたり叱ったりする時にだけ行うものではありません。毎日の通常業務時にも積極的に声をかけていきましょう。通常時の声かけのポイントは、次のとおりです。

〔共通ポイント〕

・名前＋挨拶言葉＋一言（Iメッセージ含む）

まずは名前を呼びかけ、挨拶言葉の後に一言添えることによって相手との会話の量が増えます。

挨拶言葉は「こんにちは」や「お疲れさま」が一般的ですが、業種によっては独自の挨拶を使うケースもあるでしょう。例えば、製造業の中には「ご安全に！」を挨拶にしている会社もあります。自社でよく使われる挨拶言葉を使用してください。

挨拶言葉の後に続ける一言は、仕事に関することのほか、ランチタイムや休憩所などでは天気のこと、趣味のこと、プライベートのことなどを話しましょう。リラックスした中で、リーダーの方から先にフランクな話題を提供してください。

次は、自己開示です。例えば、興味があるスポーツ、球団、好きな食べ物などについて。リーダー自身が好きなことについて熱く語ると、メンバーはリーダーの意外な一面が見られて理解が深まることもあります。

ただし、リーダーばかりが話してしまわないように、「君はどうですか？」と部下にも話題を向けて質問をすることが大事です。部下が話す内容に興味が持てないこともあるでしょう。しかし、相手の興味関心、プライベートの情報なども知ろうとする態度が必要です。その結果、本人が興味を持つことを一つでも知ることができれば、今後はそのテーマについて部下との共通の話題ができます。

人は、自分の得意なことや興味があることに関心を示してもらい熱心に話を聞いてもらえると、聞き手に対して好感を持ちます。するとどんどん親密さも増して、信頼感へと結び付いていくでしょう。

①出勤・退勤時

〔朝の挨拶〕

「○○さん、おはようございます！ 今日も元気がいいですね。いつも○○さんの元気な挨拶の声を聞くと、私も『今日1日頑張ろう』という気持ちが湧いてくるよ。いつもありがとう！」

〔退勤時〕

「○○さん、お疲れさま！ 今日はいつもより早いね。そうか、今日はコンサートに行く予定だったね。楽しんできてください。明日もよろしく頼みます」

②勤務中

〔本人の席の近くを通る時〕

「○○さん、どうですか？　仕事は順調に進んでいますか？　何か困っていることはありませんか？　困っていることがあれば、相談に乗りますよ」

〔社内ですれ違う時〕

（軽く一声かける時）「○○さん、お疲れさま（または、こんにちは）」

（仕事の進捗確認をする時）「○○さん、お疲れさま。今朝お願いした件は、本日中に終わりそうですか？　……了解です。よろしく頼みます」

〔ミーティング開始前〕

「○○さん、ミーティングに必要な資料は準備できていますか？　今日のミーティングの目的は、先日受けたクレームについての改善策を検討することでしたね」

「……了解です。その他、○○さんが考える原因や対策案も準備しておいてください」。

〔会議終了時〕

「○○さん、お疲れさまでした。積極的に意見を言ってくれましたね。ありがとう。特に、○○についての意見は的を射ていましたね。他のメンバーも共感していましたよ。次回以降もその調子で頼みます」

③休憩中

〔休憩所や自席での休憩中に〕

「○○さん、お疲れさま！ 今日は暑くて喉が渇くね。何を飲んでいるの？ どんな味ですか？ 私はいつもブラックコーヒーしか飲まないので、たまには違うものを飲んでみようかな」

「このお菓子、この間食べたらすごくおいしかったので、みんなにも試してもらおうと思い買ってきました。よかったら、いかがですか？ どうぞ遠慮なく食べてみてください」

〔ランチで同席する〕

「○○さん、お疲れさま。隣の席は空いていますか？ 同席してもいいですか？ ……ありがとう。失礼します」

「最近、娘に連れられて韓国アイドルグループのコンサートに行ってきました。どのメンバーもかわいらしくて、思わず私もファンになってしまいました」

「○○さんは、誰かひいきにしている芸能人はいますか？」

④外出・帰社時

〔外出時〕

「○○さん、帰社予定は15時ですね。気を付けて行ってらっしゃい。1件でも受注できるといいですね。楽しみにしています」

〔帰社時〕

「○○さん、お帰り。お客様の反応はどうでしたか？　注文は取れましたか？」

（注文が取れた場合）

「さすがですね（軽く拍手）。やはり、○○さんのセールストークは素晴らしいですからね。私でも思わず注文してしまうかもしれません。今回はどのようにして注文をいただいたのですか？　……なるほど、分かりました。引き続き、その調子で頑張ってください。お疲れさまでした」

（注文が取れなかった場合）

「そうですか、残念でしたね。○○さんは、なぜ、注文を取れなかったと思いますか？

……なるほど。そういう原因も考えられるかもしれませんね。私からも注文が取れなかった原因として考えられることを話してもいいですか？　やはり、お客様の欲しい商品ではなかったのではないでしょうか。お客様に直接ニーズをヒアリングするのもよいですが、〝ニーズの先読み〟が必要なのかもしれません。つまり、訪問中の何げない会話の中から、お客様の顕在化していないニーズを読み取るということです。お困り事とか興味のある新商品などをそれとなく聞いてみるのも一考です。参考にしてみてください」

以上、本章ではイマドキ社員をはじめとする部下のやる気を引き出すための、場面ごとの声かけ例を紹介してきました。あなたもぜひ、職場で実践してみてください。

おわりに

最後までお読みいただき、誠にありがとうございました。

私は、1998年に脱サラをして地縁血縁もほぼ皆無（ただし、4年間、人事部門の責任者として、旧福岡ドーム・シーホークホテルの開業・運営に携わりました）の福岡の地で、人財コンサルタントとして創業し、現在、26年目を迎えております。その間、中小企業を対象に、人材全般のお困り事についてお役に立ちたいという思いで、人事・教育関連業務40年超の経験を生かし、人を大切にする人事・評価、人材育成、採用の仕組みづくりや管理・監督者向け研修を中心に活動してまいりました（現在は、「信頼力」を中心テーマに、人財育成コンサルタントとして活動中）。

このたび、出版するに至った動機は、イマドキ社員のやる気を引き出す褒め方や声かけができないと悩んでいるリーダーに対して、次のことを伝えたいと強く思ったからです。

1. まずはメンバー（Z世代をはじめとするイマドキ社員）と互いに信頼し合える関係を構築することこそが大切である。そのためにリーダーは努力する必要がある。

2. 「どうすれば部下から信頼され、やる気を引き出す声かけができるようになるのか」についての具体的な行動を理解し、意識的に実践し続けることにより、真のリーダーを目指してほしい。

企業・団体の中で、信頼力の高いリーダーが増えれば、メンバーの方々も明るくのびのびと、しかも楽しく働くことができる。そして、そのリーダーから褒められたり声をかけられたりすると、メンバーもやる気が湧いてくることでしょう。その結果、組織内も活性化し、お互いが協力し合い組織の業績も良くなっていくのではないかと思います。

しかし、一度本を読めば分かったつもりになって、繰り返し読まないことが通例です。そこで、私が作成した「信頼力 箴言《しんげん》集」を読者の方々への特典としてご提供させていただきます。忘れることなく信頼力を高め続けていただくために、日めくりカレンダーとして利用し、毎朝、始業前までに声に出してお読みください。そして、その日1日、そのテーマについて意識的に実践し続けていただきたいのです。朝礼などで全員で素読して意見交換をするのもいいですね。

なお「信頼力 箴言集」は、巻末にあるＱＲコードよりアクセスしてダウンロードしてください。

最後になりましたが、本書の執筆に当たり、ご縁をいただき大変お世話になりました編集担当の瓜島香織様にはこの場を借りて御礼を申し上げます。また、弊社主催勉強会メンバーの皆様や顧客先の皆様方にもご協力をいただきまして、誠にありがとうございました。

あらためて、読者の皆様にとって本書が少しでもお役に立つことができれば幸いです。

◆参考文献◆

［新版］『管理者革命』（畠山芳雄著）

『リーダーシップ入門』（金井壽宏著）

『スピード・オブ・トラスト』（スティーブン・M・R・コヴィー著）

『信頼のリーダーシップ』（ジェームズ・M・クーゼス、バリー・Z・ポスナー著、岩下貢訳）

『宇宙を味方にする方程式』（小林正観著）

『新版　科学がつきとめた「運のいい人」』（中野信子著）

『やる気を科学する』（JTBモチベーションズ研究・開発チーム著）

『行動科学の展開【新版】』（ポール・ハーシィ、ケネス・H・ブランチャード、デューイ・E・ジョンソン著）

『京セラフィロソフィ』（稲盛和夫著）

『信じ切る力』（栗山英樹著）

『人を動かす』（デール・カーネギー著、山口博訳）

『勝つ組織』（佐々木則夫、山本昌邦著）

（DVD）『社員のモチベーションの高め方』①社員のやる気を引き出す基本（菊入みゆき監修、日本経済新聞出版）

月刊誌『致知』2023年10月号

◆著者プロフィール◆

片島 尚幸（かたしま なおゆき）

有限会社ジンザイ代表取締役
人財育成コンサルタント

会社勤務時代を含めて教育・人事歴40年超。そのうち、教育インストラクター、本社教育課長を経て、旧福岡ドーム・シーホークホテルの初代人事部長、その後管理本部長として2大新規事業の開業を経験。リーダー経験約20年（学生および会社勤務時代）。

独立後、中小企業を対象に、メンバーから信頼される「真のリーダー」を育成するために、①『人財育成の仕組みづくり』、②主に管理・監督職を対象とした『企業内研修』、③弊社主催、リーダー（経営者、管理・監督職）を対象とした各種研修および中国古典を中心とした人間力向上のための勉強会『片島リーダーズカレッジ（KLC)』を実施中。

研修講師歴25年。管理・監督職研修を中心に受講者数延べ約5万人。その他、主な勉強会（KLC）として、稲盛哲学を13年間学び、「稲盛哲学を学ぶ会」約500回、「論語を学ぶ会」約200回、「易経を学ぶ会」約100回などを実施。

◆感謝の気持ちを込めた読者無料特典のご案内◆

最後までお読みいただきありがとうございます！

読者の皆様方に感謝の気持ちを込めて、「信頼力　箴言集」をプレゼントいたします。

日めくりカレンダーとして、毎朝始業前に声に出してお読みいただき、その日の箴言集の内容について、意識して実践することを心がけてください。

無料特典　「信頼力　箴言集」

スマホでQRコードを読み取り、ダウンロードしてください。

日めくりカレンダーとして使用する場合には、パソコンに転送の上、印刷してご活用ください。

＊このプレゼント企画は、著者 片島尚幸が実施するものです。お問い合わせは、「info@jinzai-system.com」までお願いいたします。

上司は「信頼力」が９割

イマドキ社員のやる気を引き出す声かけ術

〈検印廃止〉

著　者　片島 尚幸

発行者　坂本 清隆

発行所　産業能率大学出版部

東京都世田谷区等々力 6-39-15　〒 158-8630

（電 話）03（6432）2536

（FAX）03（6432）2537

（URL）https://www.sannopub.co.jp/

（振替口座）00100-2-112912

2025 年 1 月 30 日　初版 1 刷発行

印刷・製本／渡辺印刷

（落丁・乱丁はお取り替えいたします）　ISBN 978-4-382-15855-9